Rose S. Minc

Editor

Latin American Fiction Today

A Symposium

sponsored by

The Department of Spanish and Italian

The School of Humanities

The Latin American Area Studies Program

HISPAMERICA

Takoma Park, Maryland

&

Montclair State College
Upper Montclair, New Jersey

Publication of this book has been made possible by a grant from the National Endowment for the Humanities to the Latin American Area Studies Program

Rolf Sternberg, Chief Coordinator
School of Social and Behavioral Sciences

George Bernstein, Coordinator
School of Education

Rose S. Minc, Coordinator
School of Humanities

and by
the School of Humanities
W. Bernard Fleischman, Dean

at
Montclair State College

© Montclair State College
Ediciones Hispamérica
ISBN: 0-935318-04-6
Library of Congress Catalog
Card Number: 79-90483

INDICE

La segunda conferencia sobre literatura hispanoamericana se llevó a cabo en Montclair State College el 16 de marzo de 1979, bajo los auspicios del Departamento de Español e Italiano, del Programa de Estudios Latinoamericanos y de la Escuela de Humanidades.

La conferencia y el presente volumen no hubieran sido posibles sin la valiosa cooperación de un sinnúmero de colegas y amigos, entre ellos, W. Bernard Fleischmann, Decano de la Escuela de Humanidades, Norman Fulton, Jefe del Departamento de Español e Italiano y Vicenzo Bolletino, Jo Anne Engelbert y Marilyn Frankenthaler, miembros del comité ejecutivo de la conferencia.

Rose S. Minc

Una literatura urgente

CARLOS FUENTES

Alguna vez, mi amigo el escritor norteamericano Donald Barthelme me preguntó: --¿Por qué escriben tanto ustedes los latinoamericanos? ¿Cómo le hacen? ¿No hay escasez de papel en América Latina? En los EE.UU., añadió, los escritores sentimos que hay muy poco que decir.

Mi respuesta, naturalmente, fue que en nuestra parte del mundo, por el contrario, nos sobran cosas que decir. Quizás esta sea, en resumidas cuentas, la razón de la urgencia vibrante que distingue a la literatura contemporánea de la América Latina, convirtiéndola, junto con la de la Europa Central, en uno de los polos actuales de la imaginación literaria en el mundo.

Hay mucho que decir y no hay otra manera de decirlo que ésta, paradójica y frágil entre todas, de escribir libros para quienes, mayoritariamente, no saben leer y de proponer palabras e ideas en sociedades en las que a veces no es posible distinguir los gritos de la oratoria y los de la tortura.

Podemos preguntarnos, sin embargo, si esa paradoja y esa fragilidad no son los signos más ciertos de la congruencia y la fortaleza profundas de una literatura que no nació ayer, ni hace veinte años, ni cien, sino que remonta, en primer lugar, a los actos de la fundación del Nuevo Mundo y a su carga de civilización concentrada en el canto épico y el pensamiento utópico, en el combate ambiguo del deseo de poder y el poder del deseo, en su solución irónica en lo que Ruiz de Alarcón --quizás el primer escritor específicamente hispanoamericano-- llamó «la verdad sospechosa» y que no es sino la distancia sonriente de Erasmo frente a su enemigo Maquiavelo y su amigo Tomás Moro, todos ellos padres fundadores de la cultura de una América Latina a la que conquistaron con títulos tan seguros como los de Hernán Cortés o Francisco Pizarro.

Un siglo después, la fundación de nuestra literatura encontraba su modernidad radical y permanente en la obra de un soldado triste, escrita entre deudas y prisiones. Cervantes fue algo más de lo que pudo, con facilidad, ser, o de lo que se esperaba que fuese, en su vida o después de ella, su obra. No el poema épico, porque la identidad de historia y cultura se había perdido; no la tragedia, porque el valiente mundo nuevo del renacimiento convirtió al cambio en objeto de pura celebración, sin miedo alguno a la fugacidad y trastorno de las cosas, sino algo distinto: *Don Quijote,* una prosa que esconde un poema elegíaco donde todo es motivo, a la vez, de celebración y de pena; un espejo de la realidad donde la realidad demuestra ser ilusoria; un discurso filosófico que pretende asociar la razón a la verdad y no hace sino poner en duda la verdad de la razón; un fantástico intento de restaurar un pasado glorioso en medio de un presente corrupto.

Todo esto es el *Quijote* de Cervantes y por ello sigue siendo el modelo más vivo y urgente de nuestra propia literatura, pues como Cervantes, los escritores de hoy sólo podemos serlo en una forma impura, paródica, mítica y documental a la vez, en la que la ficción, al re-presentarse, se convierte en la forma literaria más cercana a la verdad porque se libera de la pretensión de verdad y la más cercana a la realidad porque mina esa misma realidad con la burla ilusoria de un caballero que dice «*Créanme*» y nadie le cree; «*No me crean*» y todos le creen.

Si todo libro es hijo de otro libro, todos los libros de la América Española son descendientes de éste, dueño de una poética narrativa sólo comparable, en la lengua inglesa, al *Tristram Shandy* de Laurence Sterne, otro libro abuelo de algunos libros nuestros, sobre todo los tres tristes y muy alegres tigres de Guillermo Cabrera Infante. El destino de un texto es generar otro texto.

La fuerza de la literatura de la Europa Central viene, sí, de la urgencia de mantener viva una lengua, un pasado, una identidad en territorios ocupados o presionados por la Unión Soviética; pero también de que, en esa frontera de las civilizaciones, corresponde a húngaros, polacos, checos y alemanes, hasta donde les es posible, elaborar otras opciones para sus culturas. Ello supone resistir la gravedad de una de las pendientes de la felicidad ofrecida por el siglo de las luces: la visión idílica del comunismo impuesta, en nombre de la felicidad de todos, a todos. «Nada hay más opuesto al espíritu de la novela, profundamente ligada al descubrimiento de la relatividad del mundo, que la mentalidad totalitaria, dedicada a la implantación de una verdad única», escribe el novelista checoslovaco Milan Kundera.

Minar la Arcadia monolítica del comunismo con la sonrisa relativa, crítica y dubitante de la literatura; ¿no encontraría, en nuestro propio continente, una equivalencia esta tarea ante la hegemonía del capitalismo de la pobreza que es el nuestro? Indudablemente, pero con mucho más dificultad. La deslavada utopía del capitalismo moderno casi nunca da la cara, no se hace explícita para no hacerse totalitaria y emplea, más bien, la castración con guante blanco. Identificada con las razones fundadoras de la modernidad, acepta y asimila la crítica, alienta el pluralismo, abre válvulas de escape y festina lo que Nietzsche llamó «la frívola apoteosis del presente.»

Es más fácil, en suma, criticar a un sistema que no acepta la crítica que criticar a uno que la acepta y hasta la celebra. De allí la queja de Donald Barthelme en los EE.UU., distinta de la queja de Yuri Axionov en la Unión Soviética. De allí la naturaleza diferente de la urgencia de los escritores de la Europa Central y la de los de la América Latina: para ellos, se trata de dudar sobre la verdad del idilio impuesto por la fuerza y a todos; para nosotros, de impedir que se convierta en verdad el idilio y en idilio la mentira impuestos con sonrisas Colgate y baños tibios de espuma Palmolive. Porque detrás del terror y la sangre de las dictaduras contemporáneas de la América Latina, es otra la dictadura permanente que promete liberarnos de los actuales gobernantes de Chile, Argentina y Uruguay en cuanto éstos resulten --y lo son cada día más-- un obstáculo para la feliz reunión de los derechos humanos y la expansión de las utilidades. Los Pinochet, los Videla y los Bordaberry sirven transitoriamente; la meta es un continente de siervos sonrientes, consumidores dóciles y críticos inocuos y para ello salen sobrando, al cabo, los torcionarios anacrónicos. Triste historia, es cierto, ésta de pueblos acusados de acusar con injusticia a la constelación de sus opresores, pero que cuando toman su propio destino entre las manos, deben enfrentarse a la gloriosa victoria de Dulles en Guatemala, a la expedición de Bahía de Cochinos, a la conspiración nixoniana contra el régimen de la Unidad Popular en Chile y regresar a la dependencia de la cual se nos acusa de no querer salir por nuestra propia culpa. Apoteosis, ésta, del círculo vicioso.

No hay manera de romperlo si no es, urgentemente, creando nuestras propias opciones. Y ello implica la obligación, verdaderamente ardua, de elaborar y re-elaborar las formas y el contenido (al cabo únicos) de nuestra civilización latinoamericana.

Nos sobran cosas que decir y cosas que hacer, por múltiples motivos. El primer y más evidente dependería de una doble ausencia: ausencia de función y ausencia de tiempo.

Las funciones ausentes de la mayor parte de nuestras sociedades son dadas por descontado en el mundo occidental al cual, tan patéticamente, pertenecemos y no pertenecemos. Función crítica, función informativa, función esclarecedora, función de perspectiva y también de inmediatez, función de debate, función de defensa y voz para quienes padecen injusticia y silencio. Todo ello es cierto y esta ausencia de función, en mayor o menor grado, mueve al escritor latinoamericano a asumirla y ser, también, legislador, periodista, filósofo, padre confesor, líder obrero, redentor de indios, cirujano social y abanderado de causas más o menos perdidas.

Pero esta ausencia de función que el escritor vendría a suplir de distintas maneras es inseparable de una ausencia de tiempo que no es vista por nosotros como pérdida de tiempo sino como tiempo perdido. La continuidad de la mutua tensión y la saludable asimilación entre la historia y la literatura que admiramos en Inglaterra o Francia se convierte, entre nosotros, en un archipiélago de rupturas: islas al garete en el mar de las ilusiones perdidas.

Los países de estirpe aborigen conocimos la derrota del tiempo de las viejas civilizaciones y la frustración del tiempo de los *homines novi* de la España renacentista: conquistador y conquistado fueron víctimas de una derrota doblemente silenciosa para el mundo indígena, privado de la voz propia y de la voz impuesta, y clamorosamente irónica para el mundo criollo y mestizo, privado de su voz propia por el triunfo de la contrareforma tridentina pero engañado respecto al sonido y la furia de su retórica gerundia y legista: ilusión de realidad verbal una y otra vez desinflada por los dueños de la tradición en lo que todo pasado es actual, Sor Juana, el Inca Garcilaso y sus descendientes, y vuelta a inflar por la marea de proclamas, discursos, leyes que se obedecen pero no se cumplen, gritería obscena de los Santa Anna, Trujillo y Somoza contra las voces, otra vez, de los José Ma. Luis Mora, Andrés Bello y José Martí.

Ausencia de función y ausencia de tiempo: ¿puede concebirse situación más degradada, insoportable e injusta para una civilización como la nuestra, una de las escasas áreas policulturales del mundo, heredera de la perseverancia mítica del universo indígena y, a través de España en la fundación del S. XVI y de Francia en la insurgencia del S. XIX, del cuerpo todo de la cultura de occidente?

Dueña de esta universalidad excéntrica, la América Latina debe sentirse constantemente irritada ante el fracaso, no de sus formaciones culturales, sino de sus deformaciones políticas. Pues la ausencia de función y de tiempo a las que me refiero se reducen, finalmente, al

divorcio persistente entre la continuidad cultural y la fragmentación
política de nuestras tierras. De Netzahualcoyotl a Octavio Paz, de
Ercilla a Neruda, de Sarmiento a Martínez Estrada, de Oquendo a
Vargas Llosa, de Aleijadinho a Villalobos, la cultura latinoamericana
ha mantenido una línea ininterrumpida que contrasta violentamente
con la balcanización atroz de su vida política.

La paradoja de escribir en un continente de analfabetos no es tanta; acaso el escritor sabe que escribe para mantener viva la relación
con ese prodigioso pasado cultural que rara vez encontró corres-
pondencia política. Omitirlo sería una manera de admitir la derrota y basta pasearse por las calles de Bogóta, México o Lima para saber
que la cuota de la derrota latinoamericana está a punto de agotarse.

Escribir en la América Latina es apostar a la libertad, decirse ín-
timamente en el acto de escribir que es urgente mantener viva la
cultura del pasado porque sin ella no tendremos verdadero presente ni
porvenir inteligible y hacerlo a sabiendas de que no obtendremos
resultados concretos ni cambiaremos al mundo con diez libros o mil ni
seremos recompensados de manera alguna.

No basta saber, cuando la derrota histórica parece acecharnos
por doquier, que acaso contribuimos a perfilar una identidad en un
mundo que, en aras de la interdependencia, quisiera uniformizar tanto
a los países como a las tecnologías que importan; a agitar, modelar,
acariciar y cachetear a una de las grandes lenguas del mundo, im-
pedirle que juegue el juego de la bella durmiente, devolverle la
naturaleza verdaderamente revolucionaria que tuvo cuando Cervantes
instaló a Don Quijote, azoradamente, en la frontera de dos mundos
que son los nuestros: el de la homologación escolástica de todas las
cosas y el de la diferenciación humanista de cuanto es; y por ello no
nos engañamos respecto a las funciones suplidas con buena intención
pero con mala literatura, ni respecto a las que, al elaborar, sin
necesidad de suplir, las funciones críticas y expresivas del idioma,
sirven más para definir una identidad y afirmar una cultura: Borges,
el reaccionario político, es en este sentido más revolucionario que
muchos marxistas criollos.

Escribir en continente de analfabetos:

¿Y si escribir fuese una manera de comunicarse con quienes,
algún día, ya no serán analfabetos y tendrán, entonces, derecho de
reclamarnos nuestras voces, de exigir la *Rayuela* que debió de
escribirse en 1962, *El Reino de este Mundo* que debió escribirse en
1946, el *Laberinto de la Soledad* que debió escribirse en 1950, la
Residencia en la Tierra que debió escribirse en 1933, y de condenar sin
apelación a quienes no escribieron estos libros porque sólo una

minoría, entonces, iba a leerlos o entenderlos?

¿Y si escribir fuese una manera de darle otro nivel, otro relieve, una saliente más a la tierra constante de nuestra civilización, que es la permanencia ininterrumpida de una cultura popular, manual, artesanal, cantante, danzante, decoradora, constructora? El filósofo español, después de hablar con el campesino andaluz, exclamó, «¡Qué cultos son estos analfabetos!» Cultura popular constructora: no se insulte a quienes edificaron Cuzco y Chichén, Tonantizintla y Torre Tagle, con obras inferiores o vulgares. Agustín Lara no se inspira en la cultura popular; parodia a los poetas modernistas.

Cultura épica, utópica y mítica, la de la América Latina ha carecido de la forma literaria suprema, la única en la que los conflictos de la causalidad ética son trascendidos al nivel superior del conflicto de valores en el que, dice Camus, nadie es justo, pero todos son justificables. La América Latina carece de una literatura trágica: tiene, en cambio, una historia de crímenes. En la tragedia, ambas partes tienen razón: Antígona, en defender los derechos de la persona; Creón, en defender los derechos de la ciudad. Cuando sólo hay verdugos y víctimas, no hay tragedia; hay el crimen melodramático y patibulario.

Contra la aparente fatalidad de este falso destino, en el que todo parece condenado a una noche eterna de cárceles y sevicias yuxtapuesta a un falso día de falsas libertades iluminadas por kilómetros de falsa luz neón, el escritor latinoamericano escribe urgentemente en su continente de iletrados para mantener abierta la posibilidad de otra historia: una historia en la que cuanto sucede sea necesario, pero no fatal. Convertir la experiencia en destino: esta consigna de Malraux puede servir de divisa a la literatura contemporánea de la América Latina.

Pero la búsqueda del destino auténtico conduce necesariamente a lo que Hegel llamó el descubrimiento del yo enemigo; y en ese momento, son discernibles ciertos aconteceres que no son atribuibles a culpabilidad alguna. La pérdida de este mundo presocrático, precausal, de verdadera alegría en la afirmación de lo múltiple, incluyendo al dolor, es lamentada por Nietzsche, porque sin la tragedia no podemos comprender, a pesar del terror y la piedad de la vida, la fortuna de estar vivos, no como individuos «sino como parte de la vida».

La tragedia, decía, no estuvo presente en el acto del bautismo del Nuevo Mundo porque había sido expulsada del Viejo Mundo por el optimismo trascendente del cristianismo y por el optimismo secular del humanismo, que habría de conocer su apogeo en la revolución burguesa del S. XVIII. Sin embargo, no hay otra respuesta cultural a la derrota, esa gran excepción que el repartidor de paraísos en la tierra o el más allá no puede contemplar. Acaso sólo cuatro escritores durante los pasados cien años han sido capaces de recuperar ese territorio del destino que descubre sus velos con las palabras de Anaximandro: «Las cosas deben pagar sus excesos, de acuerdo con las leyes del tiempo».

Dostoievsky, Kafka, Faulkner y Beckett se enfrentan a la gran excepción y, como los trágicos de la antigüedad, convirtieron la derrota en victoria, contemplan el horror de la existencia individual «pero la visión no los convierte en piedra». Rica en derrotas, la América Latina no ha escrito tragedias. Su respuesta a la derrota, vista como una ausencia del paraíso prometido por la Utopía del Nuevo Mundo, es suplida con la forma que siente el horror del vacío, incluyendo el vacío de la derrota: el barroco.

Pero en el instante en el que el barroco deja de verse a sí mismo como un decorado doloroso y en el centro de su profusión descubre el camino salvaje hacia la totalidad poética, no podemos dejar de creer que en ella está incluida la posibilidad trágica. Decía antes que en una hora urgente de nuestras letras, Cervantes fue algo más de lo que pudo, con facilidad, ser, o de lo que se esperaba que fuese, en su vida o después de ella, su obra. Ello se debe a la intensa variedad poética de *Don Quijote,* forma portadora de todas las promesas tácitas de un libro.

Sólo en este tipo de totalidad poética puede encontrar su espejo eventual nuestra condición; la literatura contemporánea de la América Latina ha resumido su urgencia política, moral, mítica, lingüística y potencialmente trágica en esta hambre poética que, al cabo, crea una gran obra, para mí la más grande novela jamás escrita en la América Española, el *Paradiso* de José Lezama Lima, donde la novela en nuestra lengua se convierte en movimiento poético con sus leyes propias, alimentadas por esa voracidad que incluye las formas proteicas del barroco y también las plenitudes del cuerpo, del tiempo, del espacio y del verbo, encaminadas a que el poeta y su lector se sientan «un poco Copérnico», y puedan «formular las leyes de las cosas perdidas o sumergidas por un azar oscuro». En el vértigo mismo de un arte donde «es más natural el artificio del arte fictivo, como es más artificial lo natural nacido sustituyendo», Lezama Lima nos ofrece el máximo ejemplo de que, en efecto, nos sobran cosas que decir, voces para decirlas, continentes por descubrir, tierras por despertar, misiones por fundar, victorias por lamentar, derrotas por celebrar.

En el vasto palimpsesto de *Paradiso* quisiera encontrar, primero, la regla que nos dice: despacio, que vamos de prisa; y en seguida la visión que nos observa: somos ciertos porque somos imposibles. Ambas se abren sobre una especie de singularidad compartida, imposible porque requiere, más que un acto de fe, un acoplamiento de todos los contrarios del alma latinoamericana, nativa y trasplantada, provinciana y universal, onírica y vigilante, desquiciada y racional, religiosa y secular, moderna y antigua, concupiscente y austera, cotidiana y eterna. Cierto, porque Lezama, en su prosa de corolas laberínticas, nos demuestra que en América Latina estos términos no son binarios ni opuestos, sino corporeidad inseparable de sí misma: Todos los cuerpos en uno, un tiempo para todos. De donde partir a una nueva elaboración de las palabras y las cosas.

El futuro prometido por el optimismo dieciochesco está aquí. El futuro se ha cumplido. No es bonito. No funciona bien. Sólo podemos ser, urgentemente, negándonos a prometerlo de nuevo como si no hubiese ocurrido y proponiendo, en cambio, el tiempo de nuestra cultura, donde nada es asesinado y condenado al pasado para dar lugar a la novedad que envejece apenas pisa la escena. El futuro ha ocurrido. Los milenios del progreso y la felicidad están aquí, pero no explican ni excusan la injusticia ni la infelicidad.

Todas las vanguardias son viejas. Son nuevos los pueblos y los artistas que saben acrecentar el presente con el pasado sin convertirlo nunca en pasado sacrificable u olvidable. Son nuevos los pueblos y los artistas cuyo presente no necesita certificarse evocando la muerte distante de los pasados. Son nuevos los pueblos y los artistas que, como los *imerima* de Madagascar, no tienen más tiempo, pero tienen todo el tiempo, de la herencia de sus orejas y la memoria de sus bocas.

Orejas y bocas nos dicen que asistimos a un viraje fundamental de la historia moderna. A medida que fenece, el S. XX se despoja de las ilusiones de su natalidad definida linealmente en el tiempo y espacialmente reducida a los centros de la cultura industrial y blanca; el pasado que es presente se manifiesta en su forma más perseverante: el de las construcciones profundas, a veces geológicas, de la cultura. En todas partes, las ideologías son desvirtuadas por las culturas; la nación, que sigue apareciendo como el portador principal de la integridad cultural, es sin embargo capaz de trascenderse en las constelaciones de civilización, como lo demuestran la nueva y fundamental alianza entre Japón y China como signo de un mundo multipolar; los vastos movimientos del Islam, el inevitable reconocimiento de las especificidades culturales mayores y menores de los pueblos europeos, las agrupaciones culturales de la negritud africana y la aparición, en el mundo eslavo y particularmente en la Unión

Soviética, de las más antiguas tendencias nacionales, espirituales y culturales.

Quizás la América Latina conocerá su verdadera identidad en este florecimiento, al terminar el milenio, de los rostros escondidos y temibles de las civilizaciones. Quizás en el nuevo concierto de las culturas que parece diseñar la fisonomía del siglo venidero, la América Latina descubra que tiene algo que decir, algo que hacer, algo que recuperar, algo que ofrecer y algo que recibir a partir de la conciencia de su riqueza y continuidad culturales, única respuesta a su pobreza y fragmentación políticas. La palabra dicha y escrita será, entonces, más urgente que nunca. Su oportunidad se acerca. No debemos perderla.

Terra Nostra: historia, relato y personaje

JOSE MIGUEL
OVIEDO

«Todas las obras de arte deben más a otras obras de arte que a la observación directa».

H. Wölfflin

La obra creadora de Carlos Fuentes es reconocible, en casi todas sus instancias, por la sensualidad arrebatada de su universo imaginario y por la voluptuosidad verbal con que éste encarna. Sus novelas son construcciones insaciables, que siempre exigen poco más de ellas mismas y un poco más de nosotros, sus lectores; literalmente, son mundos fuera de quicio y que (por sus demandas, por su tensión) nos sacan de nuestras casillas. Nacidas del deseo, son también narraciones *deseantes,* cuerpos en busca de otros cuerpos con los cuales solazarse, reconocerse, disputarse, reconciliarse. Nacen de una fruición muy intensa y se consumen con gozo. Pero si el conjunto en sus obras es impresionante, el fulgor del detalle en cada una es asombroso; cada gajo del fruto es una pieza deliciosa, una gema tallada con paciencia y ardor o (como diría Borges) con «álgebra y fuego». El muralista mexicano (el *verdadero* muralista mexicano que no se llama Siqueiros sino Fuentes) es también un miniaturista que trabaja en el espacio de una cabeza de alfiler, atestándolo todo. Atestándolo con palabras que son los colores, la luz, el movimiento y las formas del novelista-pintor. Palabras carnales porque podemos tocarlas y poseerlas con cierto regusto de placer prohibido, como el que brinda las frutas del cercado ajeno. Sus palabras-frutos están en sazón, hinchadas de significación y radiantes de fragancias míticas, en el colmo de su plenitud de materia viva, pero también, y por lo mismo, en el borde justo en el que comienza su agotamiento y decadencia, lo que completa el ciclo Vida-Muerte e instaura un vaivén que lo eterniza y multiplica: ésta es la Muerte que anuncia otra vez la Vida y así indefinidamente. La fascinación por el espectáculo vibrante de la Vida guarda simetría con su fascinación por la fúnebre mascarada de la Muerte; su erotismo es doble y se dirige a los polos mediodía/noche, alegría/horror, diosa/bruja, ternura/violencia, sagrado/profano, retrospección/adivinación, alimento/excremento, etc. Universo de extremos y de disyunciones que marcan en los rostros de sus personajes una mueca grotesca y excesiva, que no sabemos bien cuánto debe al placer y cuánto al dolor. En la cerámica del Antiguo Perú y en las tallas líticas del México precolombino, hay figuras que se parecen a las que habitan el mundo novelístico de Fuentes: hombres o mujeres cuyos semblantes han sido detenidos para siempre en el estallido de un gesto, que parece producido tanto por la eclosión del goce físico como por el golpe del látigo sobre sus espaldas. ¿Miran a sus dioses o lloran el bien perdido, gritan su triunfo o su derrota, están haciendo el amor o la guerra? No lo sabemos, y ese misterio también nos excita: son cuerpos que, aunque abiertos por el gesto, están sellados. Para conocerlos hay que penetrarlos y vencerlos apasionadamente.

Pero si la literatura del autor se había distinguido siempre por esta tendencia al exceso en *Terra Nostra*[1] llegamos al colmo: la novela es pura voluptuosidad libertina, pura incontinencia orgiástica. Sin embargo, hay que apurarse en aclarar que esta superabundancia es también el fruto de un régimen de rigor: lo que se propone el libro es muy definido y preciso, ya cada elemento concurre a su logro. La sensualidad morbosa que derrochan sus 783 páginas no ocultan la hondura, las proporciones exactas y las constantes casi maniáticas del proyecto novelístico. Es la perfecta factura de ese proyecto lo que convierte el festín verbal en una obra de arte majestuosa. Esta novela quiere, sencillamente, *ser y decir todo,* colmarnos y vaciarse: *Terra Nostra* es (o puede ser) una suma de mitos humanos fundamentales, una reescritura de la historia, una interpretación de España, una reflexión americana, un ensayo disidente sobre la función de la religión, el arte y la literatura en el destino humano, una propuesta utópica, un *collage* de otras obras (incluyendo las de Fuentes), un tratado de erudición, una novela de aventuras, un nuevo diálogo de la lengua, un examen del pasado, una predicción del porvenir y (no por último) un inmenso poema erótico. Teóricamente, *Terra Nostra* no podría existir: nadie puede escribir novelas de este tipo. La historia de la novela moderna, está, empero, llena de esas obras imposibles e incómodas: *En busca del tiempo perdido, La montaña mágica, Ulises, El hombre sin atributos.* Novelas monstruosas que, de vez en cuando, aparecen como proyección de las ambiciones y sueños humanos; igual que ellos, colindan con lo imposible y con la locura.

Si escribir una novela así es una empresa temeraria, ¿cómo calificar la tentativa de escribir *sobre* ella, tratando de explicar siquiera una pequeña parte del todo? El ejercicio corre el peligro de ser redundante o tributario, pues nada que esté fuera de la novela (que -recordemos- es un mundo plenario y omnívoro) podría servir para darle coherencia ó claridad: ella es todo lo que tenemos para entenderla. El Cronista de *Terra Nostra* dice, con arrogancia pero con mucha razón: «todo narrador se reserva la facultad de no aclarar los misterios, para que no dejen de serlo; y al que no le guste, que reclame su dinero» (p. 660). Por otro lado, aunque nadie se anime a admitirlo, novelas como *Finnegans Wake* o *Paradiso* exceden aun al «lector ideal» al que sus autores se dirigen: ¿quién podría asegurar que entiende *todo* en esos libros, que ha resuelto cada uno de sus enigmas? Pero, precisamente porque son desafíos y parecen inaccesibles y descomunales, los lectores y los críticos porfían con ellos, celebran sus dificultades, hallan deliciosos sus rompederos de cabeza. De hecho, pese a haber aparecido hace poco, la crítica sobre *Terra Nostra* ya es abundante y hasta ha producido (por lo que sé) al menos una obra maestra: el trabajo de Juan Goytisolo.[2] Mi objetivo es ahora más modesto aunque quizá no menos arduo: el de seleccionar dos o tres menudos gajos del enorme fruto y estudiarlos por separado. Los peligros del intento son evidentes: mientras me concentro en esos diminutos puntos del universo *Terra Nostra* corro el riesgo de limitar o distorsionar su función dentro del gran todo, y perder de vista la armonía del conjunto. Mi pretensión es la de asumir esos riesgos y tratar de mostrar que los tres aspectos de los que voy a ocuparme de inmediato están conectados entre sí de tal manera que repoducen en pequeño ciertas leyes fundamentales que organizan la novela. Hablaré pues de algunos aspectos relativos a la representación histórica, el sistema narrativo y la concepción del personaje en esta obra.

1. Al revés de lo que sucede generalmente en la novela histórica, Fuentes ha usado la historia no para que la ficción se parezca a la verdad anecdótica, sino para que la historia se haga también ficción, pasado imaginado y proyectado a un futuro posible. El autor se interesa en ofrecer *la otra* posibilidad de la historia: no lo que ocurrió, sino lo que pudo haber ocurrido; tampoco hace una mera reconstrucción: especula, trata de adivinar el tiempo próximo, juega con las hipótesis, ejerce su libertad. En vez de servirse pasivamente de la historia, la inventa, la modifica de una manera que podría llamarse

caprichosa si eso no excluyese la lógica, el rigor y una visión intelectual profundamente comprensiva. La novela tiene, por eso, tres ejes o núcleos cronológicos perfectamente establecidos, alrededor de los cuales gira la masa de acontecimientos: 1492, año del descubrimiento de América y comienzo de su conquista y colonización por España; 1521, fecha de la derrota comunera de Castilla; y 1598, año de la muerte de Felipe II, en El Escorial. En estas fechas el mundo occidental sufre grandes sacudimientos históricos y se enfrenta a caminos insesperados y decisivos para toda la humanidad. Cada una es una opción que abre vías y niega otras. El esquema recuerda un poco el que encontramos en *La muerte de Artemio Cruz,* en donde hay también una indagación mítica, histórica y personal que se emprende a partir de ciertas fechas claves. Pero la diferencia es igualmente evidente: mientras las opciones de Artemio Cruz están ya agotadas (por exceso o abuso en el ejercicio de su voluntad), en *Terra Nostra* las opciones están vivas, todavía palpitantes. Es ésta otra vertiente de la historia, la no escrita, la utópica y heterodoxa. En la novela, la historia no aparece como el capítulo clausurado de nuestro pasado, sino como la libre interpretación de nuestro destino y como una promesa que nos espera en el próximo recodo.

Al alterar los datos objetivos con los que la historia teje sus cronologías y esquemas, al serle en principio infiel, Fuentes le otorga un significado más intenso y vigente, un significado que había perdido o que quizá nunca tuvo. Lección histórica, pero *inventada,* virtual, fecunda. Disidente por naturaleza, la imaginación histórica de Fuentes es, sin embargo, más real (y más fascinante) que la realidad misma. El libro está plagado de «inexactitudes»: Juana la Loca y Felipe el Hermoso no fueron padres de Felipe II, sino sus abuelos; el verdadero Felipe II tuvo varios matrimonios y numerosos hijos, mientras el Felipe de Fuentes es estéril; su mujer en la novela se llama Isabel (Elizabeth Tudor) pero no fue ella sino su hermana María la princesa inglesa que realmente se casó con él; ni fue éste el último de los Austrias, etc. Estas modificaciones de la historia la enriquecen vigorosamente: lo que la cronología extiende a lo largo de más de dos siglos, se concentra y reduce al término de la vida de un hombre, el Señor, que es como una síntesis de los varios monarcas que hicieron y deshicieron la grandeza de España; a su vez, el término de esa vida se expande extraordinariamente para abarcar en cierta manera todo el drama de la civilización y el poder, desde el Imperio Romano hasta el acoso imperialista norteamericano sobre México. Presidido por la figura del Señor y por su obsesivo sueño de «una vida breve, un mundo inmóvil y una gloria eterna»(p. 150), la historia humana cobra una tensión casi irresistible y un tono mortalmente lúgubre: ella ha sido la historia de la oportunidad siempre perdida. Esa derrota secular es, sin embargo, el motor para rehacerla una vez más -que es justamente lo que se propone Fuentes. Como el anciano de la sinagoga le dice a Ludovico: «La idea que parecía muerta en un cierto tiempo renace en otro. El espíritu se traslada, se duplica, a veces suple; desaparece, se le cree muerto, reaparece. En verdad, se está anunciando en cada palabra que pronunciamos. No hay palabra que no esté cargada de olvidos y memorias, teñida de ilusiones y fracasos; y sin embargo, no hay palabra que no sea portadora de una inminente renovación. . .» (p. 545).

Es muy fácil reprochar a Fuentes su tratamiento de la historia, sus constantes anacronismos, sus atribuciones de los hechos de un personaje a otro, sus alteraciones de la verdad establecida; de hecho, algunos críticos han incurrido en ese ejercicio y han establecido que, otra vez, la historia es sagrada e intocable, como las figuras de un museo de cera. Lo admirable es constatar que, pese a eso, las fantasías históricas del novelista se apoyan en fuentes y documentos perfectamente conocidos, y que lo que muchas veces parece imaginación es precisamente el resultado de seguir el curso de la historia a través de sus propios textos: la fidelidad conduce al extrañamiento. En la segunda parte de la novela, titulada «El Mundo Nuevo» y que es una especie de Odisea americana, hay dos pasajes que pueden servir para demostrarlo: el momento en que el Peregrino-narrador de esta fabulosa historia, tiene la primera visión del valle central de la tierra a la que ha llegado; y el momento en que entra a la misteriosa ciudad que aquél alberga. Estos pasajes se encuentran en la secuencia titulada «Día de la laguna» (pp. 457-72) y es un episodio fundamental de la novela porque en ella el Peregrino-narrdor sabe que ha llegado a México y es reconocido como Quetzalcóatl, la serpiente emplumada.

El primer pasaje contiene esta fascinada descripción:

> Era un valle, Señor, hundido en el foso de un vasto círculo de montañas desnudas, túmulos de piedra y mansos volcanes extintos. Y en el centro de ese valle brillaba una laguna de plata. Y en el centro de la laguna brillaba, más que ella, una ciudad encalada de altas torres y dorados humos, atravesada por grandes canales, ciudad de islotes con edificios de piedra y madera hundidos al pie de las aguas (pp. 457-58).

El segundo es un copioso catálogo del mercado de la ciudad:

> . . . nos perdíamos en los laberintos de un mercado tan vasto como la ciudad misma, pues por donde mis pies pasaban y por donde mis ojos miraban, en confusión y desorden, sólo asientos de mercaderías nos rodeaban, y gran parlería y desconciertos escuché, entre quienes allí vendían oro y plata y piedras ricas y plumas y mantas y cosas labradas, y al cielo interrogaban quienes en esta inmensa feria mostraban cueros de tigres, de leones y de nutrias, y de adives y de venados, y de otras alimañas,tejones y gatos monteses, y al suelo miraban, sin importarles los portentos, los esclavos y esclavas allí llevados a vender, atados a unas largas varas con collares a los pezcuezos, y a palmetazos apagaban los mercaderes las brasas caídas sobre los canutos con olores de liquidámbar, como los que la vieja me ofreció en la blanca choza al pie del arco iris, y sobre la grana que allí se vendía, y bajo los portales eran rápidamente cubiertas las lozas de todo género, desde tinajas grandes y jarrillos chicos, y todos pintados con gran primor y brillantes colores, de figurillas de patos y venados y flores; y las barricas llenas de miel y melcochas y otras golosinas; y las maderas, tablas, cunas y vigas y tajos y bancos y barcos; y los herbolarios y vendedores de la sal arrojaban mantas de cáñamo sobre sus mercaderías, y a sus pechos abrazaban las suyas los traficantes de granos de oro, metidos en canutillos delgados de los ansarones de la tierra, y así blancos porque se pareciesen al oro por de fuera, que las pepitas se desparramaban al ser apretadas descuidadamente las pieles de ansarón que las guardaban (pp. 459-60).

Ambas instancias se basan en dos fuentes ilustres: la *Segunda Carta-Relación* de Hernán Cortés y la *Historia Verdadera de la Conquista de la Nueva España* de Bernal Díaz del Castillo.[3] A Cortés, el autor lo sigue un poco de lejos, especialmente en el primer pasaje, que cuenta la llegada a Temixtitán, o sea Tenochtitlán:

> La cual dicha provincia es redonda y está toda cercada de muy altas y ásperas sierras, y lo llano della terná en torno fasta setenta leguas, y en el dicho llano hay dos lagunas que casi lo ocupan todo, porque tienen canoas en torno más de cincuenta leguas. E la una destas dos lagunas es de agua dulce, y la otra, que es mayor, es de agua salada (p. 184).

Más próxima es la semejanza del mercado y el templo descritos en

Terra Nostra con los que vió Cortés; este largo pasaje se refiere a aquél:

> Tiene otra plaza tan grande como dos veces la ciudad de Salamanca, toda cercada de portales alrededor, donde hay cotidianamente arriba de sesenta mil ánimas comprando y vendiendo; donde hay todos los géneros de mercaderías que en todas las tierras se hallan, así de mantenimientos como de vituallas, joyas de oro y de oro y de plata, de plomo, de latón, de cobre, de estaño, de piedras, de huesos, de conchas, de caracoles y de plumas; véndese tal piedra labrada y por labrar, adobes, ladrillos, madera labrada y por labrar de diversas maneras. Hay calle de caza, donde venden todos los linajes de aves que hay en la tierra, así como gallinas, perdices, codornices, lavancos, dorales, zarcetas, tórtolas, palomas, pajaritos en cañuela, papagayos, búharos, águilas, falcones, gavilanes y cernícalos, y de algunas aves destas de rapiña venden los cueros con su pluma y cabezas y pico y uñas. Venden conejos, liebres, venados y perros pequeños, que crían para comer, castrados. Hay calle de herbolarios, donde hay todas las raíces y yerbas medicinales que en la tierra se hallan. Hay casas como de boticarios, donde se venden medicinas hechas, así potables como ungüentos y emplastos. . . Hay mucha leña, carbón, braseros de barro y esteras de muchas maneras para camas, y otras más delgadas para asiento y para esterar salas y cámaras. . . Venden miel de abejas y cera y miel de cañas de maíz, que son tan melosas y dulces como las de azúcar, y miel de unas plantas que llaman en las otras y estas maguey. . . Venden mucha loza, en gran manera muy buena, venden muchas vasijas de tinajas grandes y pequeñas, jarros, ollas, ladrillos y otras infinitas maneras de vasijas, todas de singular barro, todas o las más vidriadas y pintadas. . . (pp. 185-87).

La fidelidad de Fuentes al relato de Díaz del Castillo ya es casi literal: frases enteras, precisas imágenes visuales y sobre todo el ritmo del recuento, hacen de los pasajes verdaderas paráfrasis del cronista, según puede verse en estos pasajes de su *Historia:*

> Y desde que vimos tantas ciudades y villas pobladas en el agua, y en tierra firme otras grandes poblazones, y aquella calzada tan derecha y por nivel cómo iba a México, nos quedamos admirados, y decíamos que parecía a las cosas de encantamiento que cuentan en el libro de Amadís, por las grandes torres y *cúes* y edificios que tenían dentro en el agua, y todos de calicanto, y aun algunos de nuestros

soldados decían que si aquello que veían si era entre sueños . . . (p. 260).

. . . y desde que llegamos a la gran plaza, que se dice el Tatelulco, como no habíamos visto tal cosa, quedamos admirados de la multitud de gente y mercaderías que en ella había y del gran concierto y regimiento que en todo tenían. Y los principales que iban con nosostros nos lo iban mostrando; cada género de mercaderías estaban por sí, y tenían situados y señalados sus asientos. Comencemos por los mercaderes de oro y de plata y piedras ricas y plumas y mantas y cosas labradas, y otras mercaderías de indios esclavos y esclavas. . . y tríanlos atados en unas varas largas con colleras a los pescuezos, porque no se le huyesen, y otros dejaban sueltos. Luego estaban otros mercaderes que vendían ropa más basta y algodón y cosas de hilo torcido, y cacahuateros que vendían cacao, y de esta manera estaban cuantos géneros de mercaderías hay en toda la Nueva España. . .; y cueros de tigres, de leones y de nutrias, y de adives y de venados y de otras alimañas, tejones y gatos monteses, de ellos adobados, y otros sin adobar, estaban en otra parte, y otros géneros de cosas y mercaderías.

. . . Digamos de las fruteras, de las que vendían cosas cocidas, *mazamorreras* y malcocinado, tambíen a su parte. Pues todo género de loza, hecha de mil maneras, desde tinajas grandes y jarrillos chicos, que estaban por sí aparte; y también los que vendían miel y melcochas y otras golosinas que hacían como muédagos. Pues los que vendían madera, tablas, cunas y vigas y tajos y bancos, todo por sí. Vamos a los que vendían leña, ocote, y otras cosas de esta manera. . . . Para qué gasto yo tantas palabras de lo que vendían en aquella gran plaza, porque es para no acabar tan presto de contar por menudo todas las cosas, sino que papel, que en esta tierra llaman amal, y unos cañutos de olores con liquidámbar, llenos de tabaco, y otros ungüentos amarillos y cosas de este arte vendían por sí; y vendían mucha grana debajo los portales que estaban en aquella gran plaza. Había muchos herbolarios y mercaderías de otra manera. . .

Y fuimos al gran *cu,* y ya que íbamos cerca de sus grandes patios, y antes de salir de la misma plaza estaban muchos mercaderes, que según dijeron, eran de los que traían a vender oro en granos como lo sacan de las minas, metido el oro en unos canutillos delgados de los de ansarones de la tierra, y así blancos porque se pareciese el oro por de fuera. . . (pp. 277-79).

La escena culmina con el encuentro entre el Peregrino-Quetzalcóatl y su doble «el señor de los sacrificios», quien dice estas palabras: «Señor nuestro te has fatigado, te has dado cansancio. Has arribado a tu ciudad: México. Aquí has venido a sentarte en tu trono» (p. 463). Este saludo se parece asombrosamente al de Montezuma a Cortés, según el mismo Díaz del Castillo: «'Cansado estaréis, señor Malinche, de subir a este nuestro gran templo . . .' Y luego le tomó por la mano y le dijo que mirase su gran ciudad y todas las más ciudades que había dentro en el agua, otros muchos pueblos alrededor de la misma laguna. . .» (p. 280).

El efecto que este procedimiento tiene sobre la novela y sobre el lector es de gran importancia para los fines del creador: al mostrar que la historia puede escribirse una y otra vez, nos hace ver que ella misma no está terminada, que se prolonga en nosotros y que se proyecta más allá de sus propios límites. Esa es la idea central de la aventura del Peregrino: la idea de que esto ya ocurrió antes, de que más que realizar un viaje está celebrando un rito antiquísimo y eterno que se celebrará en el futuro. La historia tiene diferentes versiones: una la escribieron los cronistas Cortés y Díaz del Castillo, otra Fuentes, y así sucesivamente. Ayer es todavía y será probablemente mañana: la historia puede rehacerse y nada, por lo tanto, puede ser arbitrario y tampoco definitivo, pues cada variante contribuye a su sentido total. El grito triunfal que lanza el peregrino poco después («¡Regresen estos tesoros a las manos de quienes los arrancaron de la selva, de la mina, de la playa, a quienes los labraron y engarzaron y pulieron! ¡Vuelva todo a la vida de quienes por ello murieron!», p. 468) está animado por la dialéctica de caída y redención que dirige su fantástica empresa y que alienta también la historia de los hombres de todos los tiempos.

2. Los conceptos de versión y variantes son capitales para la novela, no sólo por su conexión con sucesos reales de la historia, sino también para su estructura narrativa: *Terra Nostra* ha hecho de todos los textos leídos, recordados, parafraseados, citados, reelaborados, alterados por Fuentes, un texto monstruoso, un palimpsesto de intrincadas raíces y ramas, cuyo principio dinámico es de naturaleza acumulativa: en ella alguien siempre cuenta algo y dentro de ese cuento alguien cuenta algo más, que lo distorsiona y lo transforma en otra cosa, con frecuencia su opuesto. Los relatos de *Terra Nostra* invariablemente generan otros relatos y son generados por alguno de

ellos.   La primera vez que Fuentes usa el mecanismo es al final del extraordinario capítulo inicial «Carne , esferas, ojos grises junto al Sena».   Recordemos lo que ocurre en ese momento: la muchacha que encuentra Polo Febo, el joven mutilado testigo de una serie de milagrosos acontecimientos que suceden en París al comenzar el segundo milenio, resulta ser Celestina, una de los dos firmantes de la extraña carta que él ha recibido poco antes.   Febo conversa con ella y luego, accidental, ridículamente, se hunde en las aguas del Sena; entonces, cuando el joven ya no puede oírla, Celestina pronuncia las misteriosas palabras con las que cierra el capítulo: «Este es mi cuento. Deseo que oigas mi cuento. Oigas. Sagio. Sagio. Otneuc im sagio euq oesed. Otneuc im se etse» (p. 35).   Ella está usando un procedimiento de la novela y que es uno de los notables hallazgos (hallazgos en el doble sentido de *encontrado* y *logrado*) de Fuentes.   A partir de allí se vuelve un mecanismo recurrente del sistema.   El segundo capítulo se abre con esta invocación: «Cuéntase»; el décimo («El beso del paje») narra el cuento de Celestina, vestida de paje, con uno de los jóvenes náufragos, y concluye así: «Todos hemos olvidado tu nombre. Yo me llamo Celestina.   Deseo que oigas un cuento.   Después, vendrás conmigo» (p. 108); el siguiente episodio («El Señor empieza a recordar») es una escena entre el Señor y Guzmán que culmina con estas palabras de aquél: «Escribe tú, Guzmán, oye bien mi narración»(p. 111).

La técnica se complica enormemente en la segunda parte: toda ella es el «cuento» que el Peregrino hace de su viaje ante el Señor, pero ese «cuento» está conformado por muchos otros, que se incluyen en él y se desarrollan de modo telescópico.   El procedimiento es viejo y moderno: está en *Las mil y una noches* y también en el *Manuscrito encontrado en Zaragoza* de Potocki.   Pero en las manos de Fuentes vuelve a ser nuevo: a diferencia de esos célebres modelos, que lo usan para remontar el vuelo de la fantasía alejándola de toda historicidad lineal, el novelista lo usa para reinterpretar, sin término, la historia, para dejarla siempre disponible, modificable.   En la pirámide de variantes, ésta es una variante más o por lo tanto destinada a oír la voz de algún otro olvidado testigo que anuncie: «Deseo que oigas mi cuento».   El relato por relevos, con sus infinitos cuentos dentro del cuento, es finalmente un modo de apropiación y reelaboración de materiales ajenos que pertenecen a las más variadas formas culturales: restos de la novela renacentista, del *Conde Lucanor,* de los historiadores y cronistas de Indias, de la literatura mozárabe, eclesiástica y mística, de la poesía colonial, del teatro del Siglo de Oro y del pensamiento conceptista, pero además diálogos entre «Oliveira,

Buendía, Cuba Venegas, Humberto el mudito, los primeros Esteban y Sofía y el limeño Santiago Zavalita» (p. 765), personajes que todos sabemos de qué novelas hispanoamericanas proceden y que están aquí reunidos para decir lo que no alcanzaron a decir en sus respectivos textos. La red de apropiaciones e inclusiones disonantes incorpora al propio autor; como Velázquez en el cuadro famoso, la obra anterior de Fuentes es también parte de su mural, como las referencias a «los días enmascarados» y a «los reinos originarios» lo indican inequívocamente.

3. Por cierto, algunos de los grandes personajes de la novela, como Don Quijote, la Celestina y Don Juan, son hurtos que Fuentes ha practicado en la literatura hispánica (y en los mitos permanentes del ser español), para hacerles vivir vidas que no soñaron los que los crearon. Variantes otra vez, pues el mismísimo Don Quijote verá a Dulcinea seducida por Don Juan gracias a los oportunos servicios de Celestina. Recreados por Fuentes, embarcados en las aguas caudalosas de la novela, esos clásicos prototipos recuperan la libertad de ser otros, de volver a contar sus cuentos. Al emigrar de las páginas de sus libros y aventurarse en las de éste, la Celestina y los otros personajes se hacen todavía más significativos y eficaces; por eso quizá Ludovico le diga a Felipe que sólo le interesan tres libros: «el de la trotaconventos, el del caballero de la triste figura y el del burlador Don Juan. Créeme, Felipe: sólo allí, en los tres libros, encontré de verdad el destino de nuestra historia» (p. 746).

He usado varias veces la palabra *personaje* para referirme a los de Fuentes: se trata de un error o, al menos, de una imprecisión: ni el Señor ni la Celestina ni la Dama Loca son «personajes» en el sentido corriente del término: son algo menos y algo más que eso. En primer lugar, no se someten a las leyes de la verosimilitud interna porque al entrar en directa relación con otros «personajes» situados en tiempos y espacios distintos, se genera un proceso general de irrealización que opera sobre ellos, no sobre los acontecimientos. No ocurre lo mismo con los personajes de, por ejemplo, Kafka o García Márquez: cuanto más irreal, atroz o mágico nos parezca lo que les ocurre a Gregorio Samsa o a José Arcadio Buendía, más concretos e inconfundibles nos parecen como individuos. Los de Fuentes son un ingenioso dispositivo mediante el cual *lo imposible sucede:* no tienen validez por lo que son sino por el modo como funcionan y entran en combinación con otras figuras; son piezas intercambiables que representan distintas posibilidades del espíritu humano: son emblemas. Se definen más que por la acción, por el examen intelectual al que la someten, y por su contacto con los otros.   Así cada uno es uno y muchos a la vez; son partículas de una unidad perdida y ansiosamente buscada.   Un principio los rige: la metamorfosis, frecuentemente monstruosa.   Por eso abundan las personas-espejo, los antípodas y los dobles.   Recordemos, por ejemplo, que los tres náufragos son idénticos y a la vez diferentes «porque diferentes son las personas que les acompañan» (p. 268).   La novicia Inés, víctima de Don Juan, se convierte en Sor Juana (p. 744); el humúnculo que hereda el trono español es un monstruo que tiene algo de Hitler y de Franco (p. 746); hasta El Escorial puede ser el mortal monumento franquista del Valle de los Caídos (p. 763), etc.

Este último ejemplo es muy pertinente porque nos recuerda que esa concepción del «personaje» le permite al autor convertir en protagonistas no sólo a otros protagonistas, sino a objetos inanimados, especialmente los del mundo de la cultura y el arte.   Basta mencionar que cierto cuadro presuntamente anónimo (luego se le atribuye al Fraile Julián) traído de Orvieto, es uno de los grandes personajes que se incorporan al mundo humano de la novela.   Se trata de *El Juicio final,* una famosa obra de Luca Signorelli, cuyos frescos tratan un par de temas claves en la novela: el de la redención y el castigo eterno, en un estilo que siendo austero se permite unas libertades de fantasía que parecen negar el estricto código de la pintura religiosa.   Pero, como todo en *Terra Nostra,* el cuadro no permanece idéntico: en la tercera parte, el espacio vacío que ocupaba «genera» otro cuadro, un tríptico de alegorías horripilantes; siglos mas tarde se descubre que el cuadro contiene dos pinturas superpuestas y que debajo hay un retrato de corte española (pp. 727-28).   Es fácil reconocer a qué pinturas alude Fuentes: *El jardín de las delicias* de Bosch, *El sueño de Felipe II* del Greco y *Felipe IV* de Velázquez.   La pintura de estos y la de Goya, Arcimboldo y otros, tienen un papel decisivo en el libro: las obras de arte y los productos culturales (desde los mitos prehispánicos hasta los films de Buñuel, pasando por las historias bíblicas) no están allí como mero decorado, sino como fuerzas actuantes, entablan un diálogo revelador que no está en ninguna historia del arte.   Aun es posible observar que la narración por relevos de *Terra Nostra* corresponde a la perspectiva en abismo de cierta pintura manierista, que su minucioso abigarramiento remeda el de los paisajes de los maestros flamencos, que su febril insistencia en ciertas figuras geométricas (triángulos, espirales, círculos) como organizadoras de su materia heteróclita recuerda los principios de la estética renacentista.

Arte y música, arquitectura, literatura, teatro: todo lo absorbe la novela, de todo se apodera y todo lo devuelve cambiado, transfigurado.   Octavio Paz ha dicho en un trabajo reciente que el barroco es «la estética de la extrañeza» porque «su meta era asombrar y maravillar; por eso buscaba y recogía todos los extremos, especialmente los híbridos y los monstruos».[4] Barroco delirante, Fuentes se ha excedido: ha hecho en *Terra Nostra* la adivinación del pasado y la historia del futuro, ha viajado al país de nunca jamás y ha retornado, como su peregrino, para dar testimonio de que el reino de la utopía existe y que está aquí mismo, al alcance de nuestra mano.

NOTAS

1.   Carlos Fuentes, *Terra Nostra,* México, Joaquín Mortiz, 1975.   En adelante se cita en el texto por esta misma edición, indicando la página entre paréntesis.

2.   Juan Goytisolo, «*Terra Nostra*» en su: *Disidencias,* Barcelona, Seix Barral, 1977, pp. 221-56.

3.   Hernán Cortés, *Cartas y relaciones,* Buenos Aires, Emecé, 1946, pp. 111-263; y Bernal Díaz del Castillo, *Historia Verdadera de la Conquista de la Nueva España,* México, Porrúa, 1960, I, caps. LXXXVII y XCII.   En adelante se cita en el texto por estas mismas ediciones, indicando la página entre paréntesis.

4.   Octavio Paz, «Manierismo, barroquismo, criollismo», *Revista Canadiense de Estudios Hispánicos,* I, No. 1 (otoño 1976), p. 14.

Individual and National Identity in Fuentes' «La cabeza de la hidra»

LANIN A. GYURKO

The protagonist of *La cabeza de la hidra,* Felix Maldonado, is masterfully developed by Fuentes as both an individual and as a national symbol. Maldonado's persistent struggle to define and assert an independent self becomes symbolic of Mexico's century-long struggle against the foreign powers which have time and again sought to stifle her independence. The radical identity change, including facial surgery, that Felix is forced to undergo by his captors and his brutal dehumanization to the status of a puppet constantly manipulated by opposing forces, are but twentieth century manifestations, on the individual level, of the devastating pattern of national humiliation that began with the Conquest, when the face of Mexico was irrevocably altered by the Spanish, and its autochthonous Indian identity was suppressed and almost destroyed.

Through his portrayal of the desperate and ultimately futile attempts made by Maldonado to regain control over his life, Fuentes comes to grips with extremely important national issues such as: To what extent has Mexico ever been a truly autonomous nation? How can the fragile independence of Mexico be maintained in the twentieth century? As in his epic novels, *La región más transparente* and *Terra Nostra,* Fuentes underscores the fatalism that oppresses his country by his juxtaposition of figures that represent Mexico's ancient Aztec past-- the civilization that was permanently reduced to but a marginal status-- with the lives of the characters in contemporary Mexico. These characters are thus compelled to act within a predetermined and, ultimately, tragic framework. Ironically, although Felix Maldonado, conceived on the very day that Cárdenas proclaimed the nationalization of Mexico's petroleum resources, is initially linked with a new beginning, with the recovery of the national dignity and autonomy, the fate of the protagonist constitutes Fuentes' warning about the dangers of Reconquest. The repeated betrayal of the Mexican nation by Mexicans themselves--Moctezuma, la Malinche, Iturbide, Huerta--established another fatalistic pattern that Fuentes skillfully develops in this narrative. The operation of this cyclic pattern of betrayal is seen as resulting in the possible loss of the modern day equivalent to Moctezuma's treasure that was seized by the Spaniards--the immense oil reserves of the nation.

Finally, this essay will examine the extent to which Mexico, like Felix Maldonado, is not fully conscious of its own identity, and like Felix as well, is unable to integrate the major components of that complex identity, thereby making it extremely vulnerable to external influences. Just as Maldonado remains a confused and divided self, subordinate to a personal past-- unfulfilling relationships with three women that he must bear as an interminable burden upon his present-- so too is the modern Mexico as portrayed by Fuentes in *La cabeza de la hidra* interpreted as a nation whose components-- Indian populace, commercial, industrial and governmental bureaucracies, and ruling elite-- are all in colloidal suspension, unable to reach a transcendent and truly liberating fusion.

Throughout his work, from his earliest novel, *La región más transparente,* and including *La muerte de Artemio Cruz, Cambio de piel,* and *Terra Nostra,* Fuentes has been deeply concerned with the intricate problem of the Mexican national identity. In the 1950's, perhaps as a result of the publication of Oscar Lewis' *Children of Sánchez,* The definition of the Mexican national character became a burning issue for Mexicans themselves. Mexicans now had the necessary temporal distance from both the Revolution of 1910 and from the aftermath of revolution--the turbulent years of military rule and power politics that characterized the 20's and 30's and that often hampered and frustrated Revolutionary goals, many of which where not actualized until the presidency of Cárdenas in the middle and late thirties. Intrigued by the relationship between individual character creation and the national identity, Fuentes in 1958 wrote *La región más transparente,* which twenty years after its publication still stands as one of his most significant, provocative, and unsettling works. This novel provides a kaleidoscopic portrayal of Mexican society and culture from the pre-Columbian times to the present and a panorama of all social classes, including the vestiges of the Porfirian aristocracy, the flamboyant *nouveaux riches entrepreneurs* that sprang up after the Revolution and frantically emulated the styles of living of the deposed aristocrats, the burgeoning-- and struggling-- middle class, and the lower classes-- *los de abajo, los macehualli* -- that remained essentially untouched by the Revolution.

In certain aspects, *La cabeza de la hidra* is both an update of *La región más transparente,* and a miniature version of many of the same themes that are extensively explored in *La región.* Fuentes time and again in his narrative production has astounded--and confounded-- his literary audience, including the critics. After publishing a mammoth work, *Terra Nostra,* that seems at first to be overwhelming in size and scope, that comprises not only a country as do *La región más transparente* and *La muerte de Artemio Cruz,* but entire civilizations-- Roman, Hispanic, Aztec-- Fuentes now produces a work, *La cabeza de la hidra,* that is far more traditional, concise, and fast-moving. Here is a highly cinematic narrative, with all the ingredients of a James bond spy thriller--mystery, suspense, kindnappings, plots to assassinate the President, jungle chases, shootouts, throat-cuttings. The novel focusses intensely on that most intriguing topic of the 70's, *La cuestión palpitante* in Mexico for a long time to come-- international petropolitics. In works like *Terra Nostra* and the hermetic *Cumpleaños,* Fuentes is concerned with theological and metaphysical questions, such as orthodoxy and heterodoxy, damnation and salvation, the nature of time, being, space, and memory. *La cabeza de la hidra* is neither an experimental nor a problematic creation to the extent that so many of his works are, but rather a thesis novel-- a cautionary document designed to awaken a national conscience among Mexicans-- to compel them to recognize the great danger to the national patrimony, not from without, not from direct foreign intervention, but from within. As in *La muerte de Artemio Cruz,* Fuentes emphasizes the betrayal of Mexico to foreign exploiters that is practiced by Mexicans themselves.

One of the great problems that Fuentes concentrates on in this narrative is that despite all the rhetoric of nationalism, all the effusiveness about the concept of the Mexican identity, there exist in Mexico no common goals, not even common ground on which to build a national character. The Mexico portrayed by Fuentes is an extremely diverse, highly fragmented society. Perhaps this very absence of commonality in Mexico is what produces, as a type of over-compensation, the shrill rhetoric of Mexican nationalism. In the United States, for example, which has a far more homogeneous population than Mexico, and which is united in a frenetic pursuit of pragmatic, materialistic goals, there is really no concern for what it means to be an American.

For many Mexican authors, chief among them Agustín Yáñez and Martín Luis Guzmán, the most significant event in all of Mexican history is the Revolution of 1910. For Fuentes, however, the Revolution, far from being portrayed as a force that substantially altered Mexico's society, is evoked as but a brief moment of national self-transcendence, a glorious shout of triumph, that quickly dissipated into a return to the status quo. For Fuentes, in work after work, the most important national experience is that of that of the Conquest of Aztec Mexico-- the event that changed the face of Mexico irrevocably. For example, in *La muerte de Artemio Cruz,* the protagonist, who poses as a hero of the Mexican Revolution, turns out to be a combination of ruthless Conquistador and Aztec god demanding the blood sacrifices of victims whose deaths had served to prolong his life and to further his social and economic aggrandizement. In *Cambio de piel,* the collapse of the pyramid at Xochicalco that the four main characters are exploring can be interpreted as the vengeance that the ancient gods wreak on modern Mexican civilization. On both the individual and the national levels, *La cabeza de la hidra,* like *La muerte de Artemio Cruz,* is a novel of continual violation and conquest, practiced to some extent by almost all of the characters. Throughout the novel, what we see are the desperate attempts made by Felix to regain the personal identity of which he has been suddenly and brutally deprived. At the beginning of the narrative, the allusion to the acts of the *conquistador* Cortés, who rebuilt Mexico- Tenochtitlan in the image of Spain:

> el viejo centro de la ciudad de México, trazado de mano propia por Hernán Cortés sobre las ruinas de la capital azteca.[1]

comes as an ominous foreshadowing of the fate of Felix Maldonado, who will have a Spanish name-- Diego Velázquez--stamped over his Mexican identity. At the time of the Conquest, young Indian warriors who could be useful to the Spanish were not slain but rather branded on the face with the letter *G* to signify that they were taken captives of war. The scarring of the national face by Cortés adumbrates the horrible mutilation of Felix's own face by his captors, who take vengeance on him for his refusal to collaborate with them in their plot to overthrow the President.

One of the most important themes that is explored in this work-- and one that underscores its fatalistic quality-- is the filicidal nature of the Mexican national character. Although Felix has defied and threatened his mentor, his academic father, Bernstein, the latter scoffs at the seriousness of Felix's actions:

> ustedes quieren matar al hijo, es la descendencia lo que les

duele. La descendencia en todas sus formas es para usteds degeneración y prueba de bastardía. . .

    --Tú jamás matarías a tu padre, Félix, eso es lo que no entiende el pobrecito de Mauricio. Tú sólo matarías a tus hijos, ¿verdad? (5 0)

In this biting, cynical statement to the protagonist, Bernstein, the economics professor with whom Felix has studied at the Universidad Nacional Autónoma and by whom he has been profoundly influenced, seems to be referring to the true reason why Felix and his wife Ruth do not have any children. Ruth is at first evoked as an archetypal mother figure, caring for, catering to, and protective of the person who substitutes for the children that she does not have. Yet the mother figure throughout Fuentes' work is constantly associated with death, as she suppresses and destroys the identities of her children. Rosenda Pola in *La región más transparente,* Claudio Nervo in *Zona Sagrada,* and the mad Carlotta in *Terra Nostra* all exemplify the *mater terribilis,* and all of these mothers of death symbolize Mexico itself with its incessant blood lust for its «children,» from Aztec times to the Revolution of 1910 and right down to the massacre of the students in the Plaza of Nonalco-Tlatelolco in 1968. In *La cabeza de la hidra,* Ruth too will finally become a mother of death, slaying Felix emotionally by murdering Sara Klein, the girl who symbolizes Felix's idealistic self.

It is significant that on the individual level, Felix searches desperately throughout his life for the father figure-- a quest that becomes symbolic of the national search for the benevolent, protective leader that will unify and redeem it. Ironically, however, every time Felix looks for the regenerative father, he finds only the harsh, dictatorial father or the father of death. All of the father figures in whom Felix places his confidence betray him in some way. On the national level, this betrayal of Mexico began with the abandonment of the Aztec nation by the gods at the time of the conquest-- the gods in whom the Aztecs had placed their trust to halt the invasion of the *conquistadores* and to destroy them.

Un país. . . , angustiado por el temor de que el centro y sus cimas, la Virgen y el Señor Presidente, se desplacen, se larguen enojados como la Serpiente Emplumada y nos deje sin la protección salvadora que sólo nos dispensan esta mamá y este papá. (188)

This abandonment is further exemplified by the brutal treatment accorded their *mestizo* offspring by the *conquistadores,* who also become fathers of death.

The idealistic but overly impressionable Felix feels a deep sense of responsibility both toward his individual and his national fathers. On the individual level, his father, as one of the few Mexican nationals allowed by the foreign controllers of the Mexican petroleum industry to work for them, was deliberately denied a face, *ninguneado* by the employers who literally turned their backs on him whenever they addressed him. Felix feels compelled to redress this affront to his family. On the national level, he owes his very existence to Cárdenas, whose act of returning Mexican oil to Mexican hands made it economically feasible to his parents to have children. In this novel, Cárdenas is depicted in an almost mystical way. In his epic drama *Todos los gatos son pardos,* Fuentes evokes the god Quetzalcóatl -- the god of life and love, the creative, redeeming force sought for by the Mexican people-- as a faceless phenomenon. In this drama, Quetzalcóatl is a mask that covers but another mask-- a perpetual absence. In *La cabeza de la hidra,* however, it is Lázaro Cárdenas who is seen by Fuentes as incarnating Quetzalcóatl, as giving both this deity and the Mexican people a face. The problem for contemporary Mexico is the imminent peril of again losing that face.

It is extremely significant, therefore, that when Felix has an audience with the President of Mexico at the time when the oil problem once again has become a major issue, he finds not a face but merely a reflection of his own lack of identity. Just as Felix has been deprived of his professional position and of his face, so also is the Mexican president portrayed by Fuentes as a person who far from exercising the absolute power that the official mythmakers imbue him with, is an isolated and victimized figure, unaware how much of his authority has been usurped. Corruption and treachery within the President's own government are exemplified by the Director General, who is evoked in terms of Mexico's arch-traitor, the general of President Madero who pretended loyalty only later to have him assassinated-- Victoriano Huerta.

Ironically, the very person from whom Felix desperately hopes to achieve confirmation of his own identity turns out to be faceless himself. Unlike the labyrinthine world of Mexican politics explored by Martín Luis Guzmán in *La sombra del caudillo,* in which the Mexican President is depicted as faceless and yet as a dictatorial authority controlling every action of his ministers and deputies, Fuentes depicts a President who is not in control of his won identity. The same vulnerability that characterizes Felix also marks the President-- and leads in both cases to violence and destruction.

It is significant that Felix is unable to find the father figure for whom he is searching either in Bernstein, who betrays him by seeking to exploit him for his own political gain, or in the bizarre Timón, the Mexican industrialist who also takes advantage of Felix's idealism and manipulates the protagonist into serving the spy network that he has established, ostensibly for the purpose of protecting the national patrimony, but in the main instance, of course, to protect the family fortune. Felix's own role is thus further reduced-- kidnapped, maimed and tortured by the Director General, he is also a puppet of Timón, who drugs Felix and who assumes a definite proprietary attitude toward the protagonist, intimidating him, even to the extent of making overtures toward physical possession of him.

It is extremely significant that when Felix does encounter the paternal surrogate, it is not in any Mexican figure but in that of a North American-- the independent-minded and compassionate Captain Harding. Here Fuentes again demonstrates his desire to undercut the established myths in Mexico concerning the Colossus of the North and the link of North Americans with imperialist expansion. That Felix should find the one noble ego-ideal in a North American is not so much an indication of Fuentes' Anglophilia as it is his attack on the corruption and viciousness found in Mexico itself. As in *La muerte de Artemio Cruz,* Fuentes holds Mexicans responsible for the intolerable conditions of poverty and underdevelopment and social injustice prevalent in their own country.

Yet in *La cabeza de la hidra* as in his drama of the Conquest of Mexico, *Todos los gatos son pardos,* Fuentes sees Mexico as developing a new identity out of the very stigma of defeat. This new self-awareness and self-pride are evident among the Aztecs after the fall of Moctezuma, portrayed by Fuentes in his drama as a corrupt and dictatorial monarch who collaborates with the Spanish as the only means of ensuring that his own despotism will be perpetuated. Like the Aztec people who developed a sense of their own dignity and self-worth, rejecting both Moctezuma and Cortés, relying on Quetzalcóatl as a divine spirit within themselves rather than as a figure of redemption from across the seas, Felix too develops a new identity as a result of his degradation:

«Nunca me volverá a pasar esto,» se dijo Félix Maldonado, «nunca más permitiré que alguien me obligue a tragar impunemente las

Now, for the first time in his life, he begins to define himself from the *inside*. He rejects the promises of the Director General to define him from the outside, by giving him a new position, a greatly increased salary, and a comfortable existence for the rest of his life, provided that he surrender his name. His fierce resistance to all attempts of the Director General to subvert his identity seems to be Fuentes' way of saying that Mexico itself, following the archetypal pattern of defiance exemplified by Cuauhtémoc and by Benito Juárez, should resist the lure of foreign economic and social systems with their promise of immense material benefits for its people-- at the price of the surrender of the Mexican autonomy and national dignity. At first Felix has seemed to be a weak, subservient person whose initial instinct is to wish to fall to his kness and kiss the ring of the Director General when the latter condescends to address him by the name Maldonado-- the very name that the Director General has stripped him of. The protagonist of the outset is a highly unstable person. Indeed, Felix's entire life orientation has been to define himself constantly in terms of external models-- to convert to Judaism not out of personal conviction but in order to placate his wife, to gain the reputation as the most punctual bureaucrat in the federal service in an attempt to please his superiors, to become involved in the schemes of Timón, who blackmails him emotionally, in order to measure up to the standards of heroism set for him by his father and Cárdenas. In his continual identity changes, Felix is similar to Mexico itself which is seen by Fuentes as a country afflicted by a deep inferiority complex, as a nation constantly aping foreign models in order to define itself. For but a brief instant, Felix seems capable of breaking away from Timón to continue his crusade for justice on his own--manipulated neither by the Director General nor by the master spy. Yet, in this narrative as in so many of the works of Fuentes, acts of will are invariably revealed to be acts of fate. At the end, Felix gives himself over to the Director General. The protagonist remains broken in spirit, on the verge of insanity, and totally programmed into the role that the Director General all along has desired to impose upon him-- that of Diego Velázquez.

But the literal loss of face suffered by Felix does compel him into an attitude of social awareness and social responsibility, to a recognition of seemingly perpetual facelessness of the majority of Mexicans-- the Indian Mexico. At the beginning, from within his comfortable, well-defined niche as a middle-class Mexican bureaucrat, Felix prefers to respond to Indian Mexico only as an object of aesthetic delight. He disdains the Indians when he encounters them away from their natural habitat:

> Los indios, tan hermosos en sus lugares de origen, esbeltos, limpios, secretos, se volvían en la ciudad feos, sucios, inflados de gaseosas.(15)

In the victimized figure of Indian Mexico, Felix will finally encounter his own, true reflection.

Throughout *La cabeza de la hidra,* allusiones are made to the paintings of Ricardo Martínez, in which the Indian presence is depicted in a bizarre, paradoxical manner, as both monumental, ponderous, and yet strangely translucent and spectral, and as both human in suffering and godlike in impenetrability, to signify the tremendous weight of the Indian presence in Mexico and at the same time its mystery and its extreme remoteness. Faceless since the time of the Conquest, the Indian populace has remained unintegrated into the mechanized, technological Mexico. The modern Indians still are forced to travel by foot, exactly as the *tamemes* did centuries earlier. Yet it is the Indian presence, in both this narrative as in *La región más transparente,* that is viewed by Fuentes as the custodian of the Mexican national identity. As opposed to the Virgen de los Remedios, the Virgin of the Spanish *Conquistadores,* it is the Indian Virgin, la Virgen de Guadalupe, who gives her name to the *Operación Guadalupe* conducted by Timón. The miracle of colonial times, the apparition of the Virgin to Juan Diego, is repeated in the modern age of technology. The light issuing from the eye of the statue, in the form of a laser beam, performs a modern miracle by illuminating the ring of Bernstein that projects the holograms detailing all of the oil deposits of Mexico.

At the outset of the novel, as in *La región más transparente,* in the figure of Ixca Cienfuegos, the Indian is depicted by Fuentes as a seemingly marginal yet mythic presence linked with the ancient Aztec gods. the Indian elevator operator in *La cabeza de la hidra* who contemplates the symbols of the eagle and the serpent on the Mexican coin which he refers to proudly as «el escudo nacional» seems to have an intuitive awareness of the imminence of destruction.

> --Yo soy el que no se mueve. Todos me miran, yo no miro a nadie-- dijo el elevadorista y siguió observando su moneda. (26)

The way in which he is described, with his «sonrisa de piedra,» makes him seem to be more of an Aztec idol than a twentieth century figure-- an idol that remains suspended in modern Mexican society, attention concentrated on the lost glory and grandeur of the Aztec past.   It is ironic that Felix, who had repeatedly ignored the elevator attendant, now attempts desperately to receive confirmation of his identity from the Indian, who remains absorbed in his mournful contemplation.

Like many of Fuentes' works, *La cabeza de la hidra,* is characterized by a cyclical time structure, which functions on both the individual and the national levels.   As Diego Velázquez, Felix is impelled into the same pattern of experiences as was Felix Maldonado at the outset of the novel.   The final scene is another presidential reception, with the chilling expectation that this time the assassination will be carried out by the Director General as planned-- with Felix as the scapegoat.

It is significant that this work is dedicated, as Fuentes states «A la memoria (por estricto orden de desaparición) de Conrad Veidt, Sydney Greenstreet, Peter Lorre y Claude Rains.»   All of these actors starred in *Casablanca,* a film made in the 40's that still draws large audiences in the 70's.   This film is extremely important to our understanding of the purpose of Fuentes in writing *La cabeza de la hidra.*   Both film and novel have as a main theme the resistance to oppression.   It is easy to see why Fuentes chose to allude to this particular war film.   Just as France was conquered without the Nazis having to launch a full scale invasion, and a collaborationist government under Marshall Petain was established at Vichy, so also does Fuentes underscore the ease with which a collaborationist government could be installed in Mexico.   Indeed, the reason that Fuentes adds an epilogue to the narrative that treats not the outcome of Felix's life but instead returns to the Mexico of the time of the Conquest is to leave in the minds of his readers the haunting spectre of national betrayal that is incarnated in the figure of *La Malinche,* Cortés' guide, interpreter, and mistress.   It is significant that the vast oil rich territories of Tabasco, Veracruz, Campeche, and Chiapas are renamed by Fuentes as «La tierra de la Malinche.»   This final evocation of La Malinche, along with the sign of ill omen, the Ce Malinalli, the oracle of conflict and bloodshed that marked her birth, comes as a final confirmation of Fuentes' pessimistic outlook on the Mexican future.   What the conquest of Mexico by Cortés demonstrated was how easily and quickly a vast empire encompassing hundreds of thousands of people could not only be subverted but destroyed-- and from within.   In a major sense the five hundred Spanish acted as the catalyst that sparked the hydra-head of passion-- the fierce hatred and desire for blood vengeance of the tribes subdued by the Aztecs and forced to render them both material and human tribute.

Significantly, Moctezuma surrendered the treasure of his ancestor Axayácatl to the Spanish-- they did not have to fight for it. This act established a pattern of capitulation that Fuentes sees as likely to occur in the present, with the modern equivalent of Moctezuma's treasure, the petroleum resources, that, given the clandestine nature of Mexican politics, could be transferred to new owners while the façade of nationalization is still kept in place. La Malinche is evoked by Fuentes as the one who penetrated the Indian culture in order to reveal to Cortés the hidden weaknesses of the Aztecs. Within the plot of *La cabeza de la hidra,* the bizarre ring of Bernstein that contains the mysteries of the most valuable and vital of Mexico's natural resources, could turn out to be the equivalent of Malinche, if this ring were to fall into the wrong hands. The question becomes: can the individual hero like Felix or the private spy ring set up by Timón, be sufficient to counter the vast network of surveillance established by the superpowers?

For the answer to this question, we must return to the film *Casablanca.* All of us who have seen this film, perhaps several times, recall the stirring, fervent rendition of the French national anthem, the *Marseillaise,* sung in defiance of the collaborationist government. It is this rendition that still brings French patriots to their feet even when the film is shown in the United States. Throughout *La cabeza de la hidra,* Fuentes skillfully alludes to the heroes of the Mexican resistance to external oppression and domination, from Cuauhtémoc to Nicolás Bravo and from Benito Juárez to Lázaro Cárdenas. These become the ego ideals in relationship to whom Felix is developed, and provide the positive counterfigures to Moctezuma and Huerta.

Yet it is important to note that unlike the emotional, flamboyant, at times melodramatic patriotism of *Casablanca,* Fuentes' vision of Mexican liberation is tinged with irony and cynicism. At one point in the narrative, he underscores the cities in the world like Paris, San Francisco, New York, Rio, and Rome, all of which genuinely loved by their inhabitants and all of which have love songs dedicated to them. But Fuentes finds no equivalent love song for Mexico City, which in this narrative as in *La región más transparente* becomes symbolic of the whole of Mexico. The only song to Mexico is a bitter recriminatory one: «una pena muda, un alarido de rabia.» Just as it is rage against a modern Mexico that has forgotten its Indian heritage that characterizes the eery voice of Indian Mexico, Ixca Cienfuegos in *La región más transparente,* so it is rage against the constant indignities perpetuated on him that motivates Felix to continue his struggle. It is rage or outrage that Fuentes seeks to instill in the Mexican people in order to arouse an emotional force strong enough to counter and to defeat the hydra-head of baser passions that dominate the characters of this narrative-- hatred, envy, jealousy, and vindictiveness.

In his courage and his resistance to all attempts to manipulate and conquer him, Felix Maldonado is perhaps the one genuine hero to be found throughout the entire work of Fuentes. Felix stands in distinct contrast to the long line of spinelessly pathetic male characters, many of whom never succeed in breaking away from a dominant female influence or control-- the talented but self-tormented Rodrigo Pola in *La región más transparente* who chooses opportunism rather than self-assertion through rebellion; the idealistic but completely ineffectual Manuel Zamacona; the self-obsessed artist manqué Javier Ortega in *Cambio de piel;* the imaginative but servile Guillermito in *Zona Sagrada,* who has no existence except in relationship to this mother Claudia; the weak, wavering pseudo-hero and finally ensnared victim Felipe Montero in *Aura;* and the initially sensitive and hypocritical Jaime Ceballos in *Las buenas conciencias,* who like Pola deliberately chooses what Felix does not-- a life of stagnant conformity, luxury, and an easy conscience.

In many of his works like *La muerte de Artemio Cruz, Aura,* and *Cambio de piel,* Fuentes is concerned with the complex interplay between freedom and fate.[2] In *La cabeza de la hidra,* Fuentes demonstrates the great extent to which the individual, in this case the hapless bureaucrat Felix Maldonado and, on the symbolic level, the Mexican nation, are under the control of external forces that manipulate, exploit, and finally have the potential to destroy them. In the case of Felix, this destruction is completed. In the case of Mexico, Fuentes stresses the ease with which his country can become a pawn of the superpowers. For both the individual and nation, it becomes evident that, according to the markedly pessimistic vision of Fuentes, a margin of freedom is all that can ever be attained-- and even this must be constantly fought for.

One of the reasons why the usurpation of both the individual and the national identities can be so swiftly carried out is that so many of the components of these identities remain unintegrated. Time and again Felix anguishes over his emotional commitments to Sara Klein and to his wife Ruth. Fearful of being forced to relinquish any of his prized selfhood to a relationship, he struggles to keep his relations with a third woman, Mary Benjamin, free of emotion. Felix constantly vacillates among these three women, even though exhorted by Ruth to remain faithful only to her as the synthesis of the other two. This protagonist is unable to achieve this redeeming synthesis because he cannot integrate the conflicting impulses within himself. Instead he oscillates between abject dependency and desperate self-assertion. Once again, the self-absorbed and self-divided Felix is similar to Mexico. Fuentes repeatedly stresses the unbridgeable chasm between the vast Indian Populace, still steeped in poverty and ignorance as in the time of the Conquest, and the fast-paced, capitalistic world of modern Mexico. The ever-widening gap between the fragile middle class, represented by Felix Maldonado, and the upper classs, exemplified by the mysterious Timón, is also portrayed. It is significant that for a time, while they are both students at the same university in the United States, the two can play the game of social equals and even refer to each other as twins-- as Castor and Pollux. But in the brutal world of Mexico, their relationship degenerates into one of master and puppet, one in which Felix is carefully and constantly controlled by the narrator, who makes certain that the protagonist is given a chemical in order to make him faint at precisely the right moment, thus foiling the attempts of the Director General to assassinate the President. When Felix finally succeeds in breaking away from this professional control, the bizarre Timón seeks to substitute it by personal domination, as he attempts to force Felix into a homosexual relationship.

Ironically, many of the acts that Felix initially considers to be assertions of his own free will-- his escape from the hospital in which he has been imprisoned by his captors, his attending a ceremony hosted by the President-- turn out to be acts of fate. At the end of *La cabeza de la hidra,* in his pursuit of Abby Benjamin, Felix believes that he is for the first time assuming control over his own destiny:

> No era mucho pero Félix se sintió libre por primera vez desde que aceptó, en nombre de la humillación de su padre, la misión que le encomendé. Por fin había hecho algo por sí solo, sin que yo se lo ordenara y le preparase las circunstancias para obligarlo a hacer lo que yo quería pero haciéndole creer que él lo hacía por su propia voluntad (268).

But even in this instance Felix is deprived of an act of personal triumph. His desire to demonstrate that he can act on his own to slay the person who has attempted to kill him is thwarted, as the Director General intervenes by shooting Benjamin.

In most of his preceding works, Fuentes has been preoccupied with an examination of Mexico's past and present. But in two of his most recent novels, *Terra Nostra* and *La cabeza de la hidra,* he focusses on the future. Yet this is a very problematic, deceptive future. It reminds us of the second-person monologue in *La muerte de Artemio Cruz,* the *tú* voice that appears in the future tense and thus seems to promise the moribund protagonist an open time of possible fulfillment. Yet this future («Ayer volarás») is but a reconstruction of Cruz's past. Similarly, in *Terra Nostra* and *La cabeza de la hidra,* Mexico's future is but a fatalistic repetition of her past. In *Terra Nostra* the vision is explicit. Aztec rites and rituals are again practiced, with the re-opening of the pyramids and the re-institution of blood sacrifices in the year 2000, in order to reduce the excess Mexican populace. On the eve of the year 2000, as at the time of the Conquest, Mexico is invaded by a superior technological power that effectively manipulates the Mexican government-- just as Moctezuma was captured and cruelly exploited by the *conquistadores.* In *La cabeza de la hidra,* the Mexico of the future is not delineated; instead Fuentes leaves the exact outcome to the imagination of the reader, but by his sudden shifting back at the end to remote past, he provides a startling glimpse of what Mexico's future could be.

One of the remarks that Timón makes concerning the fate of Felix-- and the individual responsibility that Felix must bear for his life-- applies equally well to the national destiny:

> ¿Se habría enterado Félix, durante esta extraña semana de su vida, que todos los desplazamientos jamás nos alejan del hospedaje de nosotros mismos y que ningún enemigo externo es peor que el que ya nos habita? (172)

Throughout *La cabeza de la hidra,* Fuentes emphasizes the masked quality of Mexican reality, from the waitress in Sanborns, «disfrazada de nativa» to the mere mask of prosperity of the oilrich city of Coatzacoalcos. But Fuentes, as he has done so effectively in *La región más transparente,* rips off the glittering mask to reveal the eternally impoverished and disease-ridden Mexico underneath:

> el eterno mundo mexicano de tacos, cerdos, moscas y niños desnudos en eterna contemplación. (120)

Undercutting both the impassioned xenophobia and the inflated rhetoric concerning the Mexican autonomy-- both phenomena depicted in *La cabeza de la hidra* as part of an elaborate façade that conceals complex internal machinations and power plays-- Fuentes repeatedly exposes the true Mexico in a bold and dramatic way, one designed to shock his countrymen into becoming «huéspedes de sí mismos.»

NOTES

1. Carlos Fuentes, *La cabeza de la hidra,* Barcelona, Librería Editorial Argos, 1979, p. 11. Subsequent references are included in the text.

2. For a detailed examination of the complex interaction between individual will and deterministic forces-- social, psychological, and cosmic-- in one of fuentes' most complex novels, consult my study, «Freedom and Fate in Carlos Fuentes' *Cambio de piel,*» Monograph Supplement to the *Revista/Review Interamericana,* Vol. VII, No. 4 (Winter 1977-1978).

The Critique of the Pyramid and Mexican Narrative after 1968

JEAN FRANCO

The attack on realism over the last decades has by no means implied the end of the political novel. The avant-garde critique of narrative because of its tendency to impose an already codified hierarchy of meanings on the reader, the exposure of devices which produce the illusion of the real, the «death of the author» have made both critical and socialist realism appear anachronistic. Yet several novels published recently in Mexico suggest that the political novel has simply found new forms - among them the *novela testimonio,* the political thriller and the practice of de-centered writing. This interest in the political novel occurs at a time when the Mexican state itself and the ideology of nationalism which had, since the Revolution, legitimized its power were found to be in crisis. The massacre of students in the *Plaza de las Tres Culturas* in 1968 was one symptomatic moment when the growing undercurrent of dissidence articulated as demands for freedom of speech and assembly was blocked by repression.

Up to the mid-sixties, Mexican writers had typically defined their relatioship to society as a relationship to the state. One of their main problems was how to evade or postpone immolation in its monolithic structure. Symbolized as a pyramid by Octavio Paz in *Postdata,* [1] the Mexican state allowed no room for dialogue or heresy and seemed to have presented the same hierarchical order from pre-Columbian times to the present. The sense of claustrophobia it inspired is oppressively represented in the Mexican novel of the fifties and sixties. It is represented by the windowless rooms of *Aura* and *Cumpleaños* by Carlos Fuentes, by the destructive pyramid of the same author's *Cambio de piel;* and by the obsessive metaphors of prison and solitary confinement in José Revueltas's novels. But this was by no means the whole story. Mexico's modernization initiated by the State also revealed the anachronism of the pyramid. The young people of the 'onda' rebelling against parental authority, the workers demanding free trade unions, students and intellectuals who needed the freedom to criticize could no longer be pacified by an appeal to national unity.

Since 1968, both the government of Luis Echeverría and that of López Portillo have appeared to cede to the demands for more critical space. Echeverría's policy of *apertura* and López Portillo's implementation of electoral reform were frankly intended to stave off crisis. Thus, for instance, Fausto Zapata, speaking on behalf of President Echeverría admitted that his policy of *apertura:* «connota una lúcida decisión política, cuyo primer efecto fue evitar lo que después de 1968 para muchos parecía inevitable: la crisis estructural del sistema. Las presiones que se habían acumulado fueron atenuándose hasta encontrar - en ese dilatado marco de libertad - causas naturales de expresión».[2]

Designed to fill the vacuum created by the bankrupt ideologies of populism and nationalism, *apertura* and political reform do not coincide with the real area of political struggle but with the area designated as such by the government. Political activity now overflows the boundaries of official institutions and extends far beyond the *distrito federal*. Nor has there ever been such a display of creative energy. *Talleres literarios* and little magazines flourish not only in the capital but also in the provinces.[3] New journals - *Proceso* and *Nexos* (to name only two) have appeared on the scene. Each literary prize attracts hundreds of entries.

The very possibility of these developments distinguishes Mexico from the repressive regimes in economically underdeveloped countries such as Nicaragua and from the military dictatorships in more developed Latin American countries such as Chile and Argentina with their relentless suppression of social, political and intellectual dissent. Unlike these countries, Mexico has allowed (even while containing) the debate on dissidence. Real opposition viewpoints and controversy are evidence of a democratization process; at the same time they are evidence of real ideological differences. Symptomatic of these are the debates between Carlos Monsiváis and Octavio Paz in *Proceso,* the polemic between *Vuelta* and *Plural,*[4] as well as the public discussion that followed certain crucial political events such as the takeover of *Excelsior* in July 1976 and the appointment of ex-President Díaz Ordaz as Ambassador to Spain.

These discussions raised once more the old issues of intellectual independence and the question of whether political freedom should take priority over social justice as well as the newer problem of the democratization of culture itself. This democratization can no longer be conceived according to the traditional view of the intellectual as the voice of the masses and literacy as the instrument of enlightenment.   With the introduction of new media into Mexico more sophisticated techniques of containment became possible and the acquisition of literacy now meant more effective exposure to the ideology of a consumer society.   The response of the intellectual elite was to try and restore the creativity of the reader, listener and observer, to maintain a Utopian space for creative energy.   Yet the project of the elite had only a qualified success, partly because the literature of this avant-garde had become increasingly privatized and limited to those who already possessed cultural capital.   It is in this context that the activities of the *talleres literarios* and the creative energy of less privileged sectors of the population takes on significance.

*   *   *

The legitimation of the state has always depended on the manipulation and suppression of information and one form of political novel, the *novela-testimonio* seems to be the most spontaneous response to this.   It is a genre which has flourished all over Latin America in recent years; examples that come to mind are Manuel Scorza's *Redoble por Rancas,* Guillermo Thorndike's *No, mi general* and Fernando Alegría's *El paso de los gansos.*   In Mexico, the paradigme is not a novel but Elena Poniatowska's collage of taperecorded voices, *La noche de Tlatelolco* (1971).   Unlike the critical realist novel which aspired to, if it did not always achieve objectivity, these documents are partisan, impassioned and generated by official silence.   There are also limitations to the genre which are clearly apparent in a recent Mexican novel, Vicente Leñero's *Los periodistas* (1978) which chronicles the takover of the newspaper, *Excelsior.*

One of Mexico's major newspaper, *Excelsior,* had an editor, Julio Scherer García who since 1965 had dedicated himself to the task of making it the best daily paper in Latin America.   The takeover thus flouted the very promise of *apertura* which President Echeverría had publicly proclaimed.   The newspaper was run by a cooperative of workers who voted on budgetary matters and on the organization of the business which included a number of satellite enterprises - a publishing firm and the journal, *Plural,* edited by Octavio Paz.   The financial independence of the paper was guaranteed by lands in Taxqueña in Mexico City which had been acquired from a group of *ejidatarios.*   In 1970, the policy of *apertura* as well as Scherer's friendship with members of the government appeared to strengthen the standing of the paper which, in effect, had broken through the monolithic façade of the state with its hard-hitting criticism. Two writers - the veteran, Daniel Cosío Villegas, author of *La sucesión presidencial* and *El estilo personal de gobernar* and Gastón García Cantú - were especially critical of the lack of any participatory democracy in Mexico. Their criticism was resented both by industry which, at one stage, launched a boycott of the paper, and by Echeverría who tried a number of strategies, ranging from indirect bribes to threats in order to silence the criticism of the regime. As Echeverría's term as president drew to a close, governmente hostility to *Excelsior* became more and more evident and the paper began to be attacked by the official press and by Jacobo Zabludovsky on television. Two events precipitated a crisis. Firstly, the emergence of Regino Díaz Redondo within *Excelsior* to lead the opposition to the editorship of Scherer; and the occupation of the *Excelsior* estates in Taxqueña by a group of disgruntled *ejidatarios* who claimed that they had not been adequately compensated when the lands were acquired. The situation reached its climax on July 8, 1976 at a meeting of the cooperative which was heavily stacked with workers who had come to vote against Scherer. This opposition which called itself 'la indiada' was identified by peasant hats and had strong-arm men distributed throughout the crowd. As the workers took over the assembly, Scherer and his supporters withdrew, first from the meeting itself and soon afterwards from the editorial offices. This apparently spontaneous movement from within the paper was widely believed to have been engineered by Echeverría himself for during the last months of his presidency he had been trying to acquire a media empire in order to form a power base. In the aftermath of the *Excelsior* affair, several new independent journals were founded - the weekly *Proceso,* edited by Scherer; a daily paper, *Uno más uno; Vuelta,* edited by Octavio Paz and, independently of these, *Nexos*. Echeverría's attempt at silencing criticism can, therefore, be considered a failure. However, the chief significance of the affair is, perhaps, as a measure of the real pressures for freedom to criticize.

In considering *Los periodistas* as a documentary account of the *Excelsior* takeover and one which, according to the author, was «enfocada a las anécdotas más que a los significados trascendentes», the question immediately arises as to why it should be termed a novel. The cast of characters are the journalists, workers and government officials who figured in the takeover and the narrator is Vicente Leñero himself. We have to entertain the possibility of irony in this description since, if the official version claimed to be truth, then other versions could only be fictions. The term novel also allows the author to include fantasy, farse and the personal feelings of the participants.

In *Los periodistas,* however, the use of a fictional dimension involves the ideological positioning of the reader. At the beginning of the novel, the «villain», Regino Díaz Redondo who engineered the takeover of *Excelsior* is portrayed in deliberately caricaturesque fashion. And the novel closes with a theatrical farce in which the «villains» are flooded by rising tides of excrement. The intervening text suggests, in contrast, the dimension of the real by recording conversations, and by reproducing articles and documents concerning the takeover. Both the cast of characters and the documentary levels constitute indices of the novel's verisimilitude which is also underpinned by other aspects of the text. For instance, there is an emphasis on everyday activities like going to the bathroom, drinking vodka and describing the exact streets along which characters walk or drive and the places in which they eat. The language corresponds to what Roland Barthes once termed a «petit-bourgeois style of writing» whose deliberate flatness seems a guarantee of authenticity. The novel has, therefore, two distinct levels, one of which permits fantasy and the other of which excludes fantasy. The 'real' is the space occupied by Scherer and his supporters. The other side is projected through fantasy and caricature.

The events of *Los periodistas* - conversations, meetings and descriptions - are filtered through personalities. Here, for instance, is part of the description of the takeover meeting.

> García Cantú no conocía el salón de asambleas: es horrible, dijo mientras guardaba en la bolsa superior de su saco un par de los pequeños volantes pregonando la reivindicación de la indiada que distribuían los reginistas. Es una ratonera, agregó. Una trampa. Había doblado en varias porciones su gabardina y la mantenía sobre las piernas. Alcanzaba a escuchar claramente lo que vuelto hacia atrás comentaba yo (Leñero) con Hero Rodríguez Neumann (p. 214).

If one were to analyse this in terms of codes, one would immediately note the following: firstly, the focus on García Cantú, one of the most important and fearless critics writing in *Excelsior* and a newcomer to the cooperative meetings is charged with particular significance. His impressions are expected to be both spontaneous (it is his first experience of the assembly) and especially acute. Secondly, the deliberate concentration on details - the folding of the pamphlets, the placing of the raincoat and the conversations withing earshot belongs to a journalistic code according to which detail (and by implication careful observation) guarantee accuracy. Yet at the same time the anecdotes are passionately and avowedly partisan. The reference to the 'indiada', even though the term is used by the *reginistas* themselves adds another dimension - that of the discourse of civilization and barbarism. Even the choice of vocabulary is significant here. The *reginistas* 'pregonan' and since 'pregonar' is a word employed for shouting street wares, it clearly relates the opposition's opinions to a vulgar market oratory. In contrast, García Cantú's actions suggest carefulness and the exercise of judgment. He preserves the leaflet as if to emphasize the careful way he goes about collecting evidence. In this way both the vocabulary and the description underline the difference between the demagogy and rhetoric of the opposition (already characterized as anti-intellectual) and the careful investigatory journalist.

Now, however justifiable the Scherer version of events might be, the presentation implies a hierarchy of values which separates those who are able to apply judgment and reason from those who are manipulated and use empty rhetoric. The journalists, however, are not the main heroes of the story. The real hero is Scherer himself who more than a newspaper editor is a man fighting for the very principles on which democracy depends and above all for freedom of the press. He describes this as «una auténtica relación entre la teoría y la praxis. Es la comunicación que permite enjuiciar las órdenes, las leyes y las conductas del Estado, a partir de su incidencia práctica, racionalizar críticamente los comportamientos ordinarios». (p 26) He further describes himself as a shield which defends the reporters's right to express themselves freely: «Que escriban libremente yo paro los golpes», he states on one occasion. Many of his remarks betray a strangely absolutist view of editorial responsibility, reminiscent of certain theories of the state in the seventeenth century according to which the ruler's moral character was responsible for that of the subjects. Thus, on one occasion he admits as «una realidad dolorosa», that he prefers an immoral but effective journalist to an inept but honest one - «Podemos exigir honradez a nivel directivo y tratar de implantarla corrigiendo algunos sistemas viciados, pero al nivel de los reporteros es casi imposible». (p. 69)

The deployment of forces in *Los periodistas* appears to be guided by ethical considerations and this in turn depends on some fine moral judgments on Leñero's part. After the takeover of *Excelsior,* for instance, the ousted journalists divide into two groups - the Scherer group which founds *Proceso* which is funded by individual subscriptions and contributions and *Uno más uno* which is subsidized. Leñero's sympathies are with the first group and once again the choice is made on moral grounds, financial independence being clearly superior to the hiddden persuasion of subsidized funding.

The problem with Leñero's eyewitness account is that it reproduces without any possibility of challenge the irreconcilable division between the demand for social justice and the demand for free and independent journalism. Yet it is this very division which the government itself was manipulating when they chose to silence criticism by having farmers seize *Excelsior's* land. No doubt the *Excelsior* workers were manipulated, no doubt they used strong arm tactics, yet by turning their activities into farce and reserving the serious judgments for the journalists, editors and administrators, the author runs the risk of vesting criticism in a professional caste. However, another serious question occurs in consequence - that is the fact that the novel appears to set the demand for free expression against the demand (however manipulated) for social justice and thus unwittingly reproduces the very conditions which allow the state to manipulate so effectively.

Implicit in the *testimonio* genre, there is a reliance on the authenticity of the personal witness, on the confession which has its roots in Christianity. Only doubting Thomas saw and did not believe. In *Los periodistas,* the authenticity of this personal witness is guaranteed by the author's description of physical sensations, memories and conversations which are all presented in the manner that they would naturally occur and be perceived by an observer. Yet this very naturalness has to be treated with caution for it obscures the rhetorical positioning of the reader. Furthermore, the 'personal' reactions of the narrator to the participants, his insistence on the anecdote limits his analysis to an account of loyalties and betrayals and does not get anymore general problems.

The limitation of the *novela testimonio* is of quite a different kind from that of another type of political novel which has recently apperared in Mexico, namely the political thriller. Carlos Fuentes's *La cabeza de la hidra* (1978) is dedicated to Conrad Veidt, Sydney Greenstreet, Claude Rains, Peter Lorre and it owes a great deal not only to film but also to the popular fiction of Dashiell Hammett, Graham Greene and Leigh Deighton. It is also replete with conspicuous erudition. Much of the plot, for instance, depends on literary allusions especially to *Alice in Wonderland* and *Timon of Athens*. In the criticisms which have appeared of this novel, critics have tended to argue with the author. My present purpose is not to evaluate or analyse but rather to consider briefly what the thriller implies as a signifying practice, particularly in Mexico at the present juncture.

Fuentes chose a genre with a considerable history in Anglo-Saxon culture, one which lends itself particularly to the politics of manipulation and conspiracy. In recent years, at least, it has been a flourishing by-product of cold-war politics. Whereas the *novela testimonio* had depended on naturalistic surface texture, the thriller depends on lack of verisimilitude. It exploits outrageous coincidences, bizarre adventures in which the participants act in dramas whose ultimate significance they can never understand. In the thriller, professionalism consists in doing a good job for whatever motive. It is the ultimate technocratic genre.

It is useful to recall, at this juncture, that Fuentes is a writer who has always had a strong interest in politics but that he has often been pulled in contradictory directions. Despite his assumption of a 'modern' aesthetic, there is a strong didactic tendency in his writing; and despite his scorn of the *huarache* brand of nationalism, there is a strong nationalistic tinge to his thinking. Further, despite the defense he has made of the modern novel, he is drawn to the cinema and its stars. These contradictory elements are fully present in *La cabeza de la hidra*.

The novel is set in Mexico City, Coatzacoalcos and Houston, Texas. In this political arena, Israelis and Arabs duel for mastery and are in turn manipulated by greater powers. The protagonist, Felix Maldonado, former bureaucrat with Pemex, is involved, apparently against his will in an intrigue involving Israelis and Arabs. He is a converted Jew, married to a Jewish woman, in love with another and a lover of a third. He is also the ex-pupil of a Jewish University professor, Dr. Bernstein, the possessor of a ring which, thanks to laser-beam technology can project the plans of all the oil wells in Mexico. Against Dr. Bernstein are pitted the mysterious Director General who is Felix's office boss and his sidekick Simon Ayub. There are the usual impossible coincidences. For instance, several of the cast of characters are jammed into the same taxi on the Avenida Reforma at the beginning and at the end of the novel (a feature which recalls *Cambio de piel*). There is the usual trail of sensational murders which take place in precise locations such as the city of Houston, the supermarket of the Ciudad Satélite and the hotel room of the Suites Génova. Many of these incidents are amusing parodies of older thrillers to which the novel constantly makes reference. However this is not *The Spy who Came in From the Cold* nor *Dr. No* for, despite the apparatus of the thriller, there are plenty of clues to prompt an allegorical reading. Once again, it reveals Fuentes as a didactic writer whose literary godfather is perhaps Graham Greene whose 'entertaiments' were also expositions of Catholic doctrine.

This allegorical intention becomes apparent at the moment when the narrator becomes the protagonist of the events. Though the thriller begins as a third-person narrative, at a certain point, Maldonado begins to communicate with a narrator whom he addresses as Timon of Athens. Timon turns out to be recluse, a descendent of Artemio Cruz who lives in a vast house in Coyoacán and represents national, conservative interests. The Shakespearean play, *Timon of Athens,* it will be remembered, includes a tirade against gold.

> This yellow slave
> Will knit and break religions; bless th' accursed;
> Make the whore leprosie ador'd; place thieves,
> And give them title, knee and approbation,
> With senators on the bench....

The substitution of oil for gold reveals the contemporary relevance of this diatribe against the source of all evil. And there are other parallels - Timon was dethroned by gold from his position of eminence much as some of Mexico's traditional bourgeoisie have been dethroned by oil. Further Timon transmits his commands by quotations some of which come from *The Merchant of Venice,* a play in which a Jewish usurer is condemned for his merciles behaviour. In another of his *persona* as Trevor Mann, Timon codes his messages from *Alice in Wonderland,* another significant choice for Alice is also an outsider in an apparently incomprehensible world whose rules she has to try to understand. These literary clues point to more ponderous matters. For there are other allegorical elements inherent in both character and plot. Felix Maldonado is not simply any Mexican bureaucrat but was born on the day that Mexican petroleum was nationalized. His father had worked for private oil companies. At the beginning of the novel, there is a plot to rob him of his name and to use it in a mock attempt (apparently engineered by the Israelis) on the President's life and thus force Mexico into the Arab camp. This elaborate surface intrigue indicates, on the allegorical level, a loss of identity which came with the entry of Mexico into the world market. Towards the end of the novel, Maldonado finally gives up his identity and adopts the name Diego Velázquez which is that of the seventeenth-century painter he is said to resemble. He has transformed himself from an obedient bureaucrat to the reincarnation of an artist, art being the privileged area in which freedom can still be exercised.

The plot's deliberate lack of verisimilitude (an essential aspect of the thriller) together with the overdetermination produced by allegorical and mythological allusions prompts the reader to take the adventures not at their face value but as clues to a deeper message and to read the many statements on international politics voiced by the characters as statements about the world and not merely about the immediate literary situations. Thus, for instance, the narrator's final assertion on world politics cannot merely be explained away as part of the plot but seems to belong to the tradition of the essay on national identity:

> la hidra de nuestra pasiones está capturada entre las patas del águila bicéfala. El águila sangrienta que es el origen de toda la violencia del mundo, el águila que asesina lo mismo a Trotsky que a Diem, intenta asesinar varias veces a Castro y luego llora lágrimas de cocodrilo porque el mundo se ha vuelto demasiado violento y los palestinos reclaman violentamente una patria. A veces es el pico del águila de Washington el que nos corta la cabeza y se la come: a veces es el pico del águila de Moscú. Pero las tripas de la bestia alada son las mismas y el conducto de evacuación el mismo. Somos las mierdas de ese monstruo.

The fact that a fictional character voices these words does not make them less referential. However, even if we do not take this allegorical level into account nor read the character's statements as essays on the national situation, as a thriller *La cabeza de la hidra,* remains restricted to the politics of manipulation. As in the traditional thriller, the protagonist is an agent who obeys rules that he can not understand. The agent cannot alter the world and can never determine the rules.

Both *La cabeza de la hidra* and *Los periodistas* seem to represent in their different ways, strategies for dealing with the present political situation. *Los periodistas* depends on verisimilitude to support a hierarchical concept of dissent. *La cabeza de la hidra* exploits the reverse - the lack of verisimilitude to support an Alice in Wonderland view of politics. Both ultimately salvage a privileged area of freedom - the critical freedom of the free press, protected by the wise and uncorruptible editor and the freedom of the artist who alone can escape manipulation.

These two novels by no means exhaust the political narrative of the seventies. In fact a younger generation of novelists reveal quite different concerns from those of Fuentes and Leñero. While it would be absurd to try and summarize the contribution of this younger generation, it is worthwhile pointing that while many of them have been influenced by Vargas Llosa and Cortázar (especially *El libro de Manuel*) rather than by contemporary Mexican writers, they seem concerned less with technical innovation as such than with the translation into literary terms of what Baudrillard has called «the end of the social».[5] No longer is there any way of incorporating public political discourse into the novel and private life itself has been penetrated by violence and repression. Thus the pyramid ceases to be an adequate representation for the state and the state no longer demands worshippers and sacrificial victims but rather exercises power through repressive desublimation. As examples of this new writing, I would cite David Ojeda's stories, *Las condiciones de la guerra* (1978), and Guillermo Samperio's *Lenín en el fútbol* (1977). In Samperio's stories the pyramid has been displaced by a more complex and diffuse social machine. Violence is instituted by and within everyday life and cannot be separated from making love, going to the races or playing football. This is also strikingly evident in one of the best novels to have appeared in the last decade, Jorge Aguilar Mora's *Un cadáver lleno de mundo* (1971).The Mexico City of this novel is a very different place from Fuentes's *La región más transparente;* its inhabitants no longer seek origins and their lives are duplicated yet privatized. The 'cadáver' refers to a young man who died in Guatemala but it is an absence which generates the text and may be described as the absence of the social itself. Thus there is a profound change in the writing of this younger generation. In the traditional novel, public and private life had been sharply distinguished. In the contemporary narrative private life has ben politicized and the state has become a diffuse and yet internalized persecutor.

NOTES

1. Published by Siglo XXI, Mexico, 1970.
2. Quoted by Carlos Pereyra, «Situaciones políticas y culturales de los setenta: La democratización», *Siempre,* No.1201, 30 de junio de 1976.
3. For an example of a journal published by one of the *talleres,* see *Zona Adentro,* Casa de la Cultura de Aguascalientes.
4. The Paz/Monsiváis polemic appeared in numbers 58-63 of *Proceso.* For the *Vuelta/Plural* polemic, see *Plural,* No. 75 and *Vuelta,* December, 1977.
5. Jean Baudrillard, *A l'ombre des majorites silencieuses ou la fin du social,* Paris, Cahier d'Utopie quatre, 1978.

Juan José Arreola y los Bestiarios

MARGO GLANTZ

Entre los animales más frecuentados por Arreola está la mujer, uno de los animales preferidos de su bestiario: «Vencido por una virgen prudente, el rinoceronte carnal se transfigura, abandona su empuje y se agacela, se acierva y se arrodilla.» «El Rinoceronte» abre el *Bestiario* y su figura es simbólica, imagen viva de una de esas máquinas que obsesionan al escritor y que le permiten esbozar teorías como las de balística, semejantes en su precisión e improbabilidad a las partidas de ajedrez que determinan una existencia: «El gran rinoceronte se detiene. Alza la cabeza. Recula un poco. Gira en redondo y dispara su pieza de artillería. Embiste como ariete, con un solo cuerno de toro blindado, embravecido y cegato, en arranque total de filósofo positivista» Animal torpe, prehistórico, obtuso, el rinoceronte se arma de palabras desafiantes que lo asimilan a todas las hazañas de guerreros de la historia y es para Arreola un *ariete,* cargado de «armadura excesiva» un animal «blindado», un cuerpo construido con torpeza por «los derrumbaderos de la prehistoria, con láminas de cuero troqueladas bajo la presión de los niveles geológicos». Y esa bestia grasa, imitadora elemental, cuando se acopla, de los torneos medievales en honor de una dama se transforma en la imagen viva del donaire al ser adelgazada por la metáfora: «Aunque parezca imposible, este atleta rudimentario es el padre espiritual de la criatura que desarrolla en los tapices de la dama, el tema del Unicornio caballeroso y galante».

Y no es casual que este animal inicie la procesión zoológica: Arreola es un escritor maniatado por la tradición que escinde a la Dama en Bella y en Bestia, y un escritor que la zahiere y la ensalza, un escritor que la contempla desde lejos como Petrarca a Laura o Dante a Beatriz, un escritor que procede como los machos de su Insectiada: Vivimos en fuga constante. Las hembras van atrás de nosotros, y nosotros razones de seguridad, abandonamos todo alimento a sus mandíbulas insaciables.

Pero la estación amorosa cambia el orden de las cosas. Ellas despiden irresistible aroma. Y las seguimos enervados hacia una muerte segura. «Detrás de cada hembra perfumada una hilera de machos suplicantes». Las bestias son interesantes sobre todo porque el hombre las imita y en cada animal Arreola encuentra formas de amar con irritación al «prójimo desmerecido y chancletas» y «a la prójima que de pronto se transforma a tu lado, y con pijama de vaca se pone a rumiar interminablemente los bolos pastosos de la rutina doméstica». La bella y la bestia se unen en el Rinoceronte.

El alma romántica y el sueño definen a la Dama de Pensamientos, esa Dama que como Reina es caracterizada en los juegos de ajedrez, sola entre varones, «diamante en la molleja de una gallina de plumaje miserable». Dama servida por un caballero y por el Unicornio, disfrazado poéticamente, privado de su agresiva impulsividad y sus arros guerreros, convirtiendo su sexualidad en cuerno mítico pero exhibiéndolo a la vez como proyectil «repitiendo en la punta los motivos cornudos de la cabeza animal, con variaciones de orquídeas, de azagaya y alabarda».

Los animales de Arreola son animales amorosos o mejor son bestias amorosas y sus apareamientos son lascivos, venales, repugnantes como el sapo que aparece ante nosotros «una abrumadora calidad de espejo». La agresión que preside el acto amoroso y que es flagrante en los animales mima los cortejos humanos y los sintetiza en los contrarios como en esas figuras de retórica de que tanto gustaban los barrocos y también Borges con quien siempre se acopla a Arreola: ¿El menudo de res en bandeja y las flores en búcaro? De ninguna manera. Góngora presentó juntas las rosas y las tripas, jugando ingeniosamente con sus distintos olores y matices arrastrado por su lirismo a un trance definitorio de canónigo metaforista. Y explicitando así su propia actividad poética, Arreola continúa violentando y enredando los opuestos, acomodando uno junto a otro los textos que se contradicen en su palabra teórica pero que se refuerzan como imágenes. Las contradicciones son formidables y se alinean agresivamente, arsenal de armamentos dispuestos a estallar como alguna vez estallaron las bestias frente al hombre: «Antes de ponerse en fuga y dejarnos el campo, los animales embistieron por última vez, desplegando la manada de bisontes como un ariete horizontal. El toro bravo quedó dibujado en Altamira y los vencidos nos entregaron el orden de los bovinos con todas sus reservas de carne y leche». Las bestias han sido vencidas por la técnica, un pacto de paz marca su domesticidad abyecta y fofa, su calidad de rumiantes o de gallinas pues hasta las aves de rapiña acupan ahora algunas celdas cuya verticalidad es ominosa «la altura soberbia y la suntuosa lejanía han tomado bruscamente las dimensiones de un modesto gallinero, una jaula de alambres que les veda la pura contemplación del cielo con su techo de láminas».   La calidad medieval del armamento que ornamenta sus imágenes revela una fascinación y una nostalgia: la danza que precede el acoplamiento de los rinocerontes se vuelve un torneo sin gracia, pero en él tiene cuenta la «calidad medieval del encontronazo» y las persecusiones aladas son menos ominosas si las preside un tratado de cetrería, aunque se prefiera a las palomas: «Fieles al espíritu de la aristocracia dogmática, los rapaces observan hasta la última degradación su protocolo de corral.   En el escalafón de las perchas nocturnas, quien ocupa su sitio por rigurosa jerarquía.   Y los grandes de arriba, ofenden sucesivamente el timbre de los de abajo».

La cortesía medieval y el culto a la Dama se insertan también en una imaginería y las espadas y los escudos, los sables, las saetas, los dardos y las flechas disparan sus proyectiles amorosos y organizan batallas donde existe «la libertad entre nube y el peñasco los amplios círculos del vuelo y la caza de altanería».   Más para esas aves de rapiña, esos halcones, esos buitres, esas águilas, la vida elevada se cancela en el encierro desmedrado, volviéndose parodia.   El arsenal se arruina y la batalla termina con la derrota de la bestia o del hombre.   De esos sitios largos, gloriosos, heroicos, sólo quedan cicatrices como en los campos donde alguna vez estuvo Numancia a quien Arreola le dedica una Elegía y un tratado de Balística, semejantes a esa teoría de Dulcinea que habla de un hombre que «se pasó la vida eludiendo a la mujer concreta.»

La Dama vence con la mirada al héroe que vence con la espada y con la lanza a otro héroe.   La estrategia guerrera que delimita las acciones de los caballeros organiza la armadura acorazando a la dama y volviéndola invencible.   La mirada perdida del caballero tropieza con la bélica envoltura que lo trastorna y lo domeña.   El Bestiario de Arreola iguala al hombre con las bestias: éstas fueron vencidas por las técnicas que el hombre ideara para civilizarse y encerrarlas en los zoológicos, pero el hombre fue vencido y denigrado por la Dama de sus Pensamientos: «Cada vez que una mujer se acerca turbada y definitiva, mi cuerpo se estremece de gozo y mi alma se magnifica de horror.»

Si la historia del hombre ha sido una historia de agresión que moviliza sus recursos guerreros y los convierte en reglas del juego que pasan por un tablero de ajedrez, si los bestiarios son posibles como símbolos de una historia pasada que permite catalogar a las que alguna vez fueron fieras, la historia de la humanidad es una historia escindida pero a la vez paralelística: el hombre vence a la bestia, la domestica, pero el ser doméstico por excelencia, la mujer, vence a su vez al varón. Ser híbrido, compuesto de carne y hueso, pero casi siempre carente de espíritu, se convierte en el paradigma esencial: sin ingenio, derrota al ser que lo posee en mayor grado, el varón, y Dulcinea y Laura son sólo creaciones del espíritu masculino que las ha puesto sobre las nubes. No en vano Arreola maneja con tanta destreza las imágenes de cetrería: «De noche, cavilo entre la ternura y la rapiña en un paisaje de rocas vacías». Ave de presa, vaca, avestruz ridículo, insecto hembra, dilapidador y asesino, mariposa común, perra, boa, todo esto y más es la mujer en la simbología arreoliana. Pongamos algunos ejemplos al hilo:

«Después de algunas semanas, la boa victoriosa, que ha sobrevivido a una larga serie de intoxicaciones, abandona los últimos recuerdos del conejo bajo la forma de pequeñas astillas de hueso laboriosamente pulimentadas».

«Destartalado, sensual y arrogante, el avestruz representa el mejor fracaso del garbo, moviéndose siempre con descaro, en una apetitosa danza macabra. No puede extrañarnos entonces que los expertos jueces del Santo Oficio idearan el pasatiempo o vejamen de emplumar mujeres indecentes para sacarlas desnudas a la plaza.»

«Como a buen romántico, la vida se me fue detrás de una perra». La mujer domesticada que el hombre había puesto en su lugar, en el gineceo, se vuelve contra su dominador y lo destruye. Las armas de defensa que el hombre posee, el cuerno lascivo y generacional, se transforman en adornos ominosos que lo igualan a los primeros seres domeñados por él; toros bravos vueltos bueyes, rinocerontes cuya lanza ofensiva se trueca en marfil admirable y poético, inutilizado, pues ya no cumple su cometido, el de embestir, y sólo se utiliza como adorno. Los cuernos son el emblema de la agresividad del macho, su arma esencial, signo de virilidad y de potencia, posibilidad de vida por su capacidad germinal, pero el cuerno obtuso de agresión masculina se vuelve ante la doncella una esbelta endecha de cristal.

Revertido su sentido, el cuerno sirve ahora de ornamento: colocado sobre el testuz del toro o del varón lo señala, lo engalana, lo corona. «En *Pueblerina,* Don Fulgencio despierta una mañana convertido en un animal extraño como Gregorio Samsa; con un poderoso movimiento del cuello don Fulgencio levantó la cabeza, y la almohada voló por los aires. Frente al espejo, no pudo ocultar su admiración, convertido en un soberbio ejemplar de rizado testuz y espléndidas agujas». Admitida la transformación el par de cuernos se utiliza tan sencillamente como la vestimenta y el protagonista lustra a la vez sus zapatos y su cornamenta «ya de por sí resplandeciente».

La coronación ejerce con eficacia una función: transgredir las jerarquías, desordenar la coherencia de un organismo natural, desencajar una estructura. También subraya una dialéctica: la tradicional violencia entre el amo y el esclavo. Usar los cuernos como símbolos de virilidad es distintivo de la bestia, usarlos en la frente es aumentar la superficie del rostro desorbitadamente y disminuir el prestigio. El Don Juan se transfiere al Cornudo y entre los dos extremos oscila el seductor en proyección especular de la Dama de los pensamientos y la vaca: «Abrumado por las Diosas madres que lo ahogaban telúricas en su seno pantanoso, el hombre dio un paso en seco y puso en su lugar para siempre a la mujeres ¿Para siempre?»

El hombre se deseslabona del mono y evoluciona, «Ella en cambio, tardó mucho tiempo en adoptar la posición erecta, sobre todo por razones de embarazo y de pecho. Entre tanto perdió estatura, fuerza y desarrollo craneano».

La mujer sigue en bestia, el hombre deja el chimpancé. La mujer ama lo primitivo y está siempre dispuesta a asociarse con una carnalidad recubierta de pelaje: «Si se trata de mujeres, nada hay que temer, ya que el oso tiene por ella un respeto ancestral que delata claramente su condición de hombre primitivo. Por más adultos y atléticos que sean conservan algo de bebé: ninguna mujer se negaría a dar a luz un osito. En todo caso, las doncellas siempre tienen uno en su alcoba, de peluche, como un feliz augurio de maternidad».

Más todo es apariencia, en ese maniqueísmo se engendra la dialéctica y la sumisión incondicional que vaciaba el cráneo femenino y llenaba su vientre, sus caderas y su pecho empiezan a fermentar y en su estallido condena al amo a la esclavitud de la soledad o al infierno de la pareja: «¿Para siempre? ¡Cuidado! Estamos en pleno cuaternario. La mujer esteatopigia no puede ocultar ya su resentimiento. Anda ahora libre y suelta por las calles, idealizada por las cortes de amor, nimbada por la marilogía, ebria de orgullo, virgen, madre y prostituta, dispuesta a capturar la dulce mariposa invisible para sumergirla otra vez en la remota cueva marsupial».

La domesticación es mutua, la pareja se organiza a partir de un concepto bíblico que mutila al hombre quitándole una costilla para crear a la mujer. «Hizo nacer de su costado a la Eva sumisa y fue padre de su madre en el sueño neurótico de Adán...» Este injerto humano que tiene mucho de hueso y de rama, porque su nacimiento se debe a una mutilación de tórax y a una seducción de manzana, vampiriza a su creador, lo sepulta en su humedad, lo envuelve en su armadura de capullo, lo precipita a un vacío primordial y terrible.

Las imágenes más recurrentes en Arreola son las verticalidad de la altura empezando por esos cuernos que hacen del rinoceronte un unicornio, siguiendo con esas sabias catapultas que derriban murallas o con los preceptos de altanería. Entre la nube y el peñasco se ejercitan las aves de rapiña y los caballeros, persiguiendo a sus halcones, se encuentran con Melibea y también con Celestina.

La Dama de los Pensamientos siempre queda en alto, entre las nubes, y el espíritu va siempre por el aire («Las mujeres tienen siempre la forma del sueño que las contiene»): Son argucias, sofismas, sin embargo. Lo vertical hacia arriba tiene su contrapartida necesaria: El abismo: «Los abismos atraen. Yo vivo a la orilla de tu alma. Inclinado hacia tí, sondeo tus pensamientos, indago el germen de tus actos. Vagos deseos se remueven en el fondo, confusos y ondulantes en su lecho de reptiles». Los abismos tienen su espejo en las cavernas, en la espelunca, en la gruta, equivalen a los infiernos: porque antes de alcanzar el paraíso de la locura, Garci-Sánchez bajó al infierno de los enamorados». Y ese descenso lo efectúa «Mundo abajo, razón abajo». La atracción del abismo es a la vez el descenso a los infiernos, la navegación interior, el antídoto a esos venenos olorosos a jardines imaginarios («Tal vez la pinté demasiado Fra Angélico. Tal vez me excedí en el color local de Paraíso»), pero también la caverna de Tribenciano adonde los hombres bajan a morir o quizá a perder la cabeza porque «lo que allí ataca al hombre es el horror al espacio puro, la nada en su cóncava mudez».

El abismo, la caverna, plantean en Arreola la carnalidad del amor, la composición de la pareja (y su descomposición): «Ella se hundió primero, no debo culparla, porque los bordes de la luna aparecían lejanos e imprecisos, desfigurados por el crepúsculo amarillo. Lo malo es que me fui tras ella, y pronto nos hallamos engolfados en la profunda dulzura». Ese hundimiento, esa creación, ese intento de «reconstruir el Arquetipo» origina un «ser monstruoso; la pareja». La caverna es el equivalente simbólico de los cuernos. Es obvio: El cuerno voraz del toro, del bisonte o del carabeo, se transfiere del rinoceronte al unicornio, animal mítico por antonomasia y, por ello, animal espiritualizado. Al desencarnarse en leyenda el unicornio acompaña a la doncella y la deja siempre virgen, eternizada en un ideal, inmaculada, cubierta con la aureola de su marianidad. La Dama de los Pensamientos se logra con receta: «Toma una masa homógenea y deslumbrante, una mujer cualquiera (de preferencia joven y bella), y alójala en tu cabeza. No la oigas hablar. En todo caso, traduce los rumores de su boca en un lenguaje cabalístico donde la sandez y el despropósito se ajusten a la melodía de las esferas». La dama joven, etérea, proyectada en un cuadro como Mona Lisa o vista desde el puente como panorama, inmortalizada en un soneto del Petrarca o una silva de Lope, se aloja en la cabeza y se eleva como soplo del espíritu, ni más ni menos que «la esbelta endecha de marfil del unicornio». Su carnalidad no se derruye sin embargo y tras lo etéreo se esconde la bestia, más bien la cabeza y la caverna, la cabeza y el cuerno, que forman parte de la misma corporeidad, como el menudo de res en bandeja y las rosas en búcaro o como las aves de rapiña enjauladas: «Entre todos los blasones impera el blanco purísimo del Zopilote Rey, que abre sobre la carroña sus alas como cuarteles de armiño en campo de azur, y que ostenta una cabeza de oro cincelado, guarnecida de piedras preciosas».

Carroña y realeza, tripas y rosas se hallan confundidas. La caverna platónica--la espelunca paleontológica--retiene al varón en su profundidad «cenagosa», repudiada y venerada en la doble figura de la madre y la amante, de la dama y la puta, de la bella y la bestia.

La tradicional escisión que marca los textos de Arreola es falsa, o mejor, contradictoria. La bestia y la mujer domesticada son apenas parte de la historia. La pareja, ser monstruoso es producto de una historicidad determinada y en esos breves textos de maravillosa síntesis se percibe la doble presencia de la tradición y su ruptura: «El golpe fue tan terrible que para no caer tuve que apoyarme en la historia. Sin venir al caso me ví en la tina de baño, sarnoso Marat frente a Carlota Corday».

«El sueño se me ha ido de los pies y la memoria en desorden me coloca en puras situaciones informes. Soy por Margarita de Borgoña arrojado en un saco al Sena, Teodora me manda degollar en el hipódromo, Coatlicue me asfixia bajo su falda de serpientes... Alguien me ofrece al pie de un árbol la fruta envenenada, ciego de cólera derribé las columnas de Sansón sobre una muchedumbre de cachondas filisteas. (Afortunadamente siempre ha llevado largos los cabellos por las dudas)».

Es evidente que cuando Arreola teoriza como en *Y ahora, la mujer...* la intención de matizar las endechas y las injurias tradicionales se concientiza y se debilita, aunque suela enfrentarse (o alinearse en batería) a la violencia que genera textos como el que acabo de citar que podrán reiterarse en los que citaré ahora contrastándolos:

«La mujer es una trampa estática de arena movediza que espera, como la araña inmóvil en su tela, al hombre, quien por acercarse está perdido. El hombre enamorado pierde sus rasgos, se vuelve coloidal y gelatinoso porque se está diluyendo en la mujer».

«Venero y odio a la mujer. La veo siempre en equilibrio inestable. El es el verdadero ser, el ser original, la criatura total que nos llevaba dentro. Creo que en la división del parto original, a la mujer se le escapó el espíritu». Pero el espíritu es ave de carroña y cetrería: «De la materia original de ser bisexual, el hombre se ha escapado por medio de las alas y el espíritu, y ha quedado la mujer más recargada de materia en una forma cavernosa y húmeda».

La materia baja y repugnante, cavernosa, empantanada, es buscada con nostalgia cuando se conforma en los bestiarios y la violencia del autor se endereza como «ariete vertical» contra el hombre que ha perdido a la naturaleza, que la ha transformado creando preludios apocalípticos sobre todo en la tecnología. La materia más vulnerable en la sociedad tecnificada es para Arreola la mujer y en sus innúmeras parábolas quién más sufre por la invasión de una ciencia ficción demasiado real es ella.

Temeroso de ser vampirizado, deglutido, agelatinado, parasitado, Arreola escribe también: «Los hombres somos culpables de haber ejercido el dominio. Hemos fungido como los caciques, los tiranos, los reyezuelos, del erotismo. Nos aterroriza saltar ese instrumento de sumisión que ha sido la conducta masculina. Uno de mis actos típicos ha sido la dictadura, el absolutismo, sin ceder, para que no venga trágicamente la revancha».

Toda la visión de Arreola, siempre muy diferente de la de Borges, es carnal y deja un regusto de carroña. La relación entre hombre y animal y entre hombre y mujer se calcina porque pasa por una máquina de guerra que la tritura, la deglute, la fagocita: «Hay unas prodigiosas máquinas entre las españolas, las brasileñas y las caribes. Son unos aparatos portentosos que aparecen en las calles o en los foros del teatro. Locomotoras del erotismo con los trapiches que en su movimiento majan y muelen la caña para la obtención de los almíbares. Pero ocurre que a veces esas extraordinarias criaturas que cumplen el ideal erótico, a la hora de la experiencia real resultan un refrigerador».

Las mujeres máquinas, los animales máquinas, las máquinas a secas se sumergen en el juego gástrico de animales que como los buitres o los avestruces «proclaman a los cuatro vientos la desnudez radical de la carne ataviada».

La paciente digestión de la boa «que abandona los últimos recuerdos del conejo bajo la forma de pequeñas astillas de hueso laboriosamente pulimentadas» se empalma con la de los felinos, capaces de «mondar a cualquier esqueleto de toda carne superflua y con el «espinazo saliente del carabeo que recuerda la línea escotada de las pagodas» o en fin con la costilla de Adán engendrando al ser que menos masa craneana posee y más estómago.

Esa metáfora de rapiña se universaliza y muestra «que el hombre se ha revelado como la única criatura que destruye su habitat, que rompe la economía de la naturaleza.   La enormidad de los mares y de los cielos ya está al alcance de la voluntad de corrupción...» y luego agrega: «Aunque no conozco los planes de la creación, la etapa de la destrucción del hombre, es mucho más de lo que Dios había presupuesto.   Y la contaminación del ambiente no es sólo de carácter material».

La mecanización diabólica se contrasta con un símbolo medieval: el taller, el mester, el oficio que Arreola ha ejercido sistemáticamente y que parece ser el paliativo contra la máquina y la agresión.   Ejercer con devoción un oficio, utilizar las manos y moldear la materia.

«Espero el renacimiento del amor a las plantas y a los animales, el apogeo del hobby, que es un renuevo doméstico de la aplicación de la mano artesanal.   Necesitamos relacionar el espíritu y la materia, y no dejar al espíritu en esa vagancia que aunque nos haya producido buena música y buena poesía, nos ha costado tantos delirios de grandeza».   El amalgama ideal--la reconciliación de los opuestos, el ejercicio de un oficio, la purificación del juego-- pulverizará a los zoológicos y unirá a los hombres.   No en vano muchas de las obras de Arreola se organizan como alegorías.   La reconciliación es la nostalgia de un pasado y la negación del apocalipsis.   La superación real del arquetipo sería la reconciliación de los opuestos en la síntesis de la tradición platónica, mejor, en la unión de la caverna con la Dama.   *La Dama sans merci* del romanticismo, la dama contemplada en los sonetos del petrarca o en el Paraíso dantesco se convierte en la caverna pero no por su idealidad sino porque cielo y suelo se hunden en el fango «dando un paso en seco».   La profundidad cavernosa de la mujer llena de horror a sus enamorados que la persiguen con las reglas de la cetrería: El ave de altanería que se abate cae en la caverna y la verticalidad es el camino hacia los dos polos.   Caverna platónica contemplada desde lejos y caverna cenagosa penetrada son las tripas y las rosas confundidas.

Pero la solución humanística no diluye la crueldad arreoliana que empieza deteriorando el cuerno, dejándolo inactivo, pura esencia poética, apenas metáfora, para demoler al hombre en su creación más intensa, Eva, la Dama, y para acabar finalmente construyendo la máquina de destrucción más cruel puesto que es la única que pulveriza y hace de su creador un creador de máquinas.

Salvador Elizondo's
Farabeuf: The Reader as
Victim

JOHN INCLEDON

I propose then a theater in which
violent physical images crush and hyp-
notize the sensibility of the spectator.

--Artaud

The focal point of this most unusual novel[1] is the photograph of a
torture which took place in Peking at the turn of the century during
the Boxer Rebellion.   The victim--whether male or female we can no
longer tell, the dismemberment has progressed so far-- is bound tightly
to a series of stakes with heavy ropes and, being heavily sedated with
morphine, gazes to infinity as if unaware of what is taking place, as if
in ecstasy.   A crowd of silent and expressionless onlookers forms a
semi-circle around the victim.   Six executioners perform their duty
efficiently.   A mere glance at this photograph is enough to make it
unforgettable.

The novel itself is a series of repetitions, remembrances if you
will.   First, of the scene of the torture, a rainy day in Peking,
1901.   A flyer announcing a public torture and execution is found in
the street.   Dr. Farabeuf, physician of the French delegation, attends
and records the event on film, assisted by his personal aid, the Nurse,
alias Melanie Dessaignes.   His photograph, we are told, captures the
instant of death.   Secondly, a scene in present day Paris, 3 rue de
l'Odeon.   The old doctor climbs the rickety staircase and crosses the
threshold.   The Nurse sits at the far end of the hallway, attempting to
divine the future by means of the I Ching or a Ouija board.   On one
wall, a large reproduction of Titian's *Sacred and Profane Love;* on the
other, a mirror.   The doctor puts on his rubber gloves in preparation
for the operation.   He will in a moment, follow the Nurse into the
room at the rear.   The third scene is at the seashore.   They have just
come down from the cliff, where he has taken her picture as the

pelicans circle above for fish. Walking in the sand, she suddenly breaks from his side and begins to run, passing the place where the small boy had built a sandcastle. She stops abruptly, spotting a star-fish. She picks it up and, repulsed by its viscous texture, throws it to the waves.

One way in which we might initiate a reading of *Farabeuf* is by juxtaposing it with the critical debate which was waged over the French New Novel. (The parallels between *Farabeuf* and the *nouveau roman* are obvious--the repetitions (with only slight differences) of scenes, the minute descriptions of physical objects, and so on.) The two camps which formed in the debate on the *nouveau roman* might loosely be termed «phenomenological» and «post-structuralist.» The phenomenological reading--the term is used by many, if not most, of the partisans of this reading--in general attempts to situate the narrative in a real, that is to say, determinate setting, the mind or *cogito* of the narrator. Thus, the setting for a novel like Robbe-Grillet's *Jealousy* is the mind of a jealous husband. And the novel's repetitions and minute descriptions are attributed to the narrator's jealous obsession. The fixation with certain objects in the descriptions--such as the millipede on the wall, or the insects swarming around the lantern--become symbols of the husband's jealousy. Given this orientation, «the reader's task is . . . to undergo himself the literary experience of the text in such a way as to share the narrator's personality directly, to understand . . . and accept this man's visions and actions as if they were . . . . his own.»[2] This position is challenged by the «post-structuralist» reading of the *nouveau roman* (the term, still not in full use, is tied to the philosophical discourse of Jacques Derrida). This reading[3] posits the impossibility of a fixed and determinate «reality»--in general as well as in the case of the literary text. The repetitions (with slight differences, note) of the *nouveau roman,* according to the post-structuralist reading, point to the indeterminacy of the text's «reality.» Rather than attempting to fix the reality of the work, these repetitions (with slight differences) require the reader to take an active role in attempting to mediate them; and though many possible readings may be offered, the post-structuralist interpretation emphasizes that no single reading may be valorized over another, no one reading may be determined to be the work's point of origin, its reality. Thus, for example, such a reading of Robbe-Grillet's *Jealousy* would no longer emphasize the narrator's disturbed mind and the symbols thereof, but the fidelity or infidelity of the wife, as per the narrator's several versions of the facts. The problem is now one of interpretation, and in the end, the question of the wife's fidelity or infidelity does indeed appear to be indeterminate.

Salvador Elizondo's *Farabeuf,* on which so little has been written, can, I think, be seen in light of this debate on the *nouveau roman.* One of the earliest pieces on *Farabeuf* is a review article which puts forth a purportedly phenomenological reading of the novel. Picking up on a brief scene, offered to the reader only once, in which the Nurse is told she must answer a clinical questionaire, the reviewer argues that the entire novel takes place in the mind of the Nurse who is in a mental hospital: «The work could have various interpretations, but it assumes greater plausibility if one supposes that the woman is insane . . . and that all the action (partly real, partly imagined and partly anticipated) takes place in her mind. . . . Thus the novel chronicles a deranged woman's search for identity.»⁴ A strident attempt to fix and determine the reality of the text. I would like, on the other hand, to suggest a post-structuralist reading of *Farabeuf.*

The imagery and description of the novel involve a two-fold motion, one metaphoric and one metonymic. The metaphoric relates a whole series of images to a central one: the number 6. Thus the woman finds a five-pronged starfish on the beach; in present day Paris, the Nurse draws a design on the window in the shape of a starfish, which is also the Chinese character for the number six; in the back of the hallway the Nurse divines the future by means of the I Ching, which is based around the number six (the hexagrams)--even the symbol of the Yin and the Yang figuratively forms the number 69; Farabeauf goes into the room at the rear and one minute and nine seconds--69 seconds--transpire during the operation; the torture victim stretched out on the stakes forms the shape of a hexagon; there are six executioners; and so on.

On the other hand, there is a series of descriptions which have a metonymic motion, moving outward and away from the central events of the novel. These include, among others, the magical theater of Dr. Farabeuf, the secret mission of one Paul Belcour, and the questionnaire which the Nurse is asked to fill out (to which the previously mentioned review gives central importance). All are unresolved and do not relate to the three main scenes. The novel, in this sense, is unfinished, open-ended. If the persistent imagery surrounding the number 6 involves the reader in the novel's obsession, the unresolved events just described offer material which the reader must play out, interpret himself.

But the reader's involvement becomes starkly literal in the text's two climaxes. These involve the four protagonists--he and she, and you and I. Both climaxes have to do with the operation (a euphemism for torture) which is performed in the room at the rear. In the first climax, she (the Nurse, Farabeuf's assistant and, in this case, his victim) enters the room and he (Farabeuf) follows:

> The door closed. A few instants passed: one minute and nine seconds. Soon the cry was heard, her cry, a cry which made night fall definitively.

At the end of the novel, the same scene is repeated--only this time the characters are you and I--the reader and the writer, I would submit. The novel says as much--«How many times, upon turning the pages of this book which describes the mutilation of the body in terms of a metaphysical discipline, must you have thought that I am Farabeuf!» *I,* Elizondo, follow *you,* the reader, into the room at the rear. *You* are my victim. Elizondo involves his reader, brings him into the text in a most dramatic way.

The change in these two climaxes (at the end of chapters 3 and 9) indicate the novel's attempt to activate its reader, to involve him, to bring him into and make him part of the novel. Rather than a bizarre tale of torture and death, *Farabeuf,* perhaps in part by the reader's involvement in the photograph, offers a new concept of literature in which the reader must take an active role, must produce the text.

NOTES

1. Salvador Elizondo, *Farabeuf,* México, Joaquín Mortiz, 1965.
2. Bruce Morrissette, *The Novels of Robbe-Grillet,* Ithaca, Cornell University Press, 1975, pp. 134-35.
3. Stephen Heath, *The Nouveau Roman,* Philadelphia, Temple University Press, 1972, Chapter 3.
4. George R. McMurray, «Salvador Elizondo's *Farabeuf,*» *Hispania,* Vol. L, No. 3 (1967), p. 597.

Mario Vargas Llosa: entre radioteatros y escribidores

SAUL SOSNOWSKI

La tía Julia y el escribidor está dedicada «A Julia Urquidi Illanes, a quien tanto debemos yo y esta novela».[1] Desde este momento iniciático, «Julia», como figura extra-textual y como personaje fundamental de la novela, promueve la noción de que desde la ambigüedad y la coincidencia se juega con las variantes de lo verosímil y la objetivación mimética del mundo narrrado. El epígrafe que podría regir el enunciado de la novela proviene de *El grafógrafo,* de Salvador Elizondo. En un plano teórico, éste apunta a una clara conciencia de la permanencia y lo perenne de la escritura y del acto de escribir. La memoria del acto de escribir --conviene recordar la actualización inmediata del recuerdo en *Farabeuf*[2] -- y la vida se aúnan en otro incesante acto de escribir. Así, los verbos escribir-ver-recordar-imaginar se convocan en el primero. Toda etapa relacionada con él es vida. «Vivir» y «escribir» son términos analógicos que se bifurcarán en la novela hacia las versiones que postulan Camacho y Varguitas. Camacho conjuga la versión pedestre y paródica del escritor a tanto por página o tanto por radioteatro, si bien él mismo desecha esta preocupación propia de los «mercaderes», asumida antes por la más anónima CMQ de Cuba. Este escribidor no produce con el fin de perdurar en un texto. Testigo y producto de un nuevo medio de comunicación, la palabra escrita apunta directamente al micrófono ante el que se disuelve en la fascinación de los radioescuchas. Frente al escribidor se da el caso del narrador que anhela llegar a ser escritor; se da, claro está, desde la recuperación de la etapa de iniciación una vez adquiridos los derechos para evocar lo primigenio de esa etapa pre-literaria.

La dicotomía escribidor-escritor subraya dos contextos y configuraciones diferentes: la bohardilla limeña que ocupa Camacho y el anhelado rincón parisino que santificaría la verdadera vocación literaria;[3] escribir para el «vulgo» adepto a los radioteatros y el deseo de escribir para un público más selecto (proyección de la autoevaluación del narrador) que redunda en los espejos a la vez propiciatorios y denunciatorios que son Julia y el amigo Javier.   Ambos, Camacho y Varguitas, equiparan/analogan/anulan el «escribir» y el «vivir»; ambos se documentan fielmente para anclar lo narrado en la realidad inmediata.   Camacho produce su propio mapa y una taxonomía vaga, imprecisa, pero generosamente amplia para centrar en ella a los personajes de sus radioteatros (más adelante, la ignorancia y la locura acendrarán las tergiversaciones); Varguitas se afincará en hechos reales, «documentados» por las anécdotas familiares, para elaborar sus primeros intentos --fallidos todos--.   La suma de ambas aproximaciones denuncia los límites de un recurso literario que subraya el concepto limitado de un objetivismo mimético como canon literario absoluto.[4]   En el caso de Varguitas, también se apunta a la visión limitada de la realidad impuesta por la presencia y filtración de vectores familiares.   La denuncia de un mimetismo aplanado, ciego, también se da al alterar algunos datos de la biografía de Varguitas[5] --zancadilla a los que equiparan «narrador» y «autor» y rastrean esquemáticamente el orden «vida y obra».

Disciplina y deseo ante el acto de escribir también diferencian a Camacho y Varguitas.   Una organización rigurosa y sistemática, afianzada en una clasificación llamativa de Lima (a la que no sería ajeno el humor de John Wilkins), un libro de 10.000 citas y la guía social, permiten que este personaje decimonónico produzca sus continuos radioteatros.   Decía Camacho: «Yo escribo sobre la vida y mis obras exigen el impacto de la realidad» (p. 58).   Frente a esta aserción categórica, se enfrenta el deseo del narrador de elaborar cuentos basados en anécdotas familiares o citadinas *pero* siguiendo los matices librescos de los autores que leía en esos momentos --cruce de Borges y Maupassant--.   La voluntad libresca del narrador funciona así a través de mediaciones que distancian todo efecto sobre el oyente.   Cabe mencionar que un cuento publicado (y no incluido en el texto) le dio al narrador la condición de «intelectual» (p. 14) ante los dueños de la radio.   Precisamente aquellos que son despreciados por Camacho por su condición de mercaderes son los que ensalzan la posición «superior» dentro de su orden social, aquél que Varguitas resiente por razones económicas y por ciertas presiones de etiqueta social, pero que constituye su único asidero para el futuro.   Todos los proyectos, borradores de sus cuentos y variantes son *oídos* por un público reducido y selecto por proximidades y simpatías: Javier y Julia.   Y son precisamente ellos los que optan por anécdotas *reales* (*v.g.* el caso de la dama mexicana) y vívidas --se impone así el criterio de selección de Camacho que frente a estos oyentes esgrimía la sintonía que no excluía al presidente de la república-- en vez de recurrir a los supuestos recursos imaginativos de la ficción.[6] Apegados a la fidelidad de los hechos, estos oyentes no logran sintonizar los deseos del narrador produciendo así mayores frustraciones y desencantos. Frente a su «principio de realidad» retrocede toda elaboración narrativa. Se impone, sin embargo, desde el enunciado mismo de esa etapa formativa en el texto que incluye las secuencias totales.

El deseo del adolescente que cree saber lo que desea pero que aun no logra coordinar sus ansias en términos viables y asequibles, se bifurca hacia dos realidades potenciales: el deseo de hacer literatura y de ser reconocido algún día como escritor; el deso de enamorar a la tía Julia y de casarse con ella. La admiración por Camacho y la atracción hacia Julia pueden ser vistos como ansias de modelos ya configurados, siquiera parcialmente, que pueden impulsar el logro máximo: ser escritor, *ergo* tener la bohardilla en París y algún día albergar allí a su mujer. No es casual el conocimiento casi simultáneo --en un mismo día-- de Camacho y de la tía Julia; tampoco lo es el resentimiento inicial ante la mirada reductora (¿reconocedora?) que obtiene de ambos. Ambos provienen del «exterior» --son ajenos a la inmediatez del orden miraflorino--, son seres formados dentro de sus respectivos órdenes; el narrador tiene proyectos de ser algo, es en sí un proyecto enmarcado en una familia «bíblica, miraflorina, muy unida» (p. 13) que recorta modelos de actuación y desarrollo. La propia vocación de ser escritor --que postula como ansia suprema-- se ve condicionada y matizada por los atributos fantasiosos de la profesión y no por la disciplina que exige. «Pasión» y «disciplina» se ven representados por la tía Julia y Camacho, respectivamente. En ellos se conjugan las posibilidades que el narrador comienza a elaborar en vías de concretización de su ideal. A los 18 años todo en él es potencia; en la tía Julia se da la madurez que no omite «las locuras»; para Camacho, los 50 años son «la flor de la edad». Pera esta «flor de la edad», con los otros signos que atribuye a sus personajes centrales,[7] son la mera mención de «cincuentón» en las referencias de Varguitas.[8] Y en estas referencias y desplazamientos también se signa la actitud ante el futuro desarrollo: actividad febril de Camacho para cubrir todo el espacio y la gama de sus actividades: escribir, actuar, dirigir; en Varguitas, un cúmulo de puestos para cubrir las necesidades de la supervivencia material y justificar la ausencia de la facultad-- sueño de abogado de la familia--. Las actividades reales de Camacho frente a la máquina de escribir y aquellas que coronarán el deseo de Varguitas, se conjugan en torno a ciertas creencias compartidas: «Los hijos y la literatura son incompatibles» (p. 11), dice Varguitas; afirma Camacho: «La mujer y el arte son excluyentes» y «En cada vagina está encerrado un artista» (p. 193).   En principio, la familia no cabe como unidad integral.   Ser escritor oscila entre las abstracciones de una vocación y el afincamiento en conductas aledañas al escándalo.   La propia relación con la tía Julia confluía hacia material de radioteatro --no debe omitirse que la sombra del incesto se da como signo paralelo en el radioteatro de las tres--; la vida de Radio Panamericana ofrecía temas para la literatura.   En ambos casos, estos son temas *potenciales* que no se traducen en textos incorporados dentro de la novela; son, sin embargo, la materia real que conforma el texto total de *La tía Julia*.   Y en ambos niveles, el del radioteatro y el del texto narrativo, la aproximación profesional adquiere la solemnidad de una «misa» (pp. 121, 125).

Grabar radioteatros/escribir cuentos o novelas promueve el contacto con el público y es desde esa alianza entre productores y receptores que se magnifica la tarea del autor.   Se establece entre ellos un pacto basado en la mutua confianza y convención asentadas en un orden fehaciente, creíble y verificable mediante un sistema referencial mínimo que organiza la relación posterior.   En el caso de los radioescuchas de Camacho se da la necesidad de una coherencia en la conducta de cada núcleo de personajes y una separación adecuada entre los radioteatros.   Cuando la superposición y mezcla de personajes induce a la interpretación intelectualoide de que son «modernismos», Camacho afirma que los nombres *se* mezclan sin que él logre salvaguardarse/los de la confusión.   Los mundos que ha inventado y las situaciones extremas que sirvieron para diferenciar a los diversos núcleos de personajes entre sí, se entretejen por sus extremismos.   Solo resta entonces una solución: la aniquilación total de los personajes que se traduce en la desaparición del propio Camacho en el ámbito de la locura: Sansón muere con los filisteos; el creador y sus criaturas se sumen en el silencio que vuelve a ser llenado por las antigüedades de las producciones cubanas.

La suma de mundos ajenos, la superposición de atuendos y personalidades en aras de un realismo mimético absoluto mal comprendido producen el silencio total.   Y sin embargo, es desde ese modelo de esa parodia de escritor («Lo más cercano a ese escritor a tiempo completo, obsesionado y apasionado con su vocación, que conocía, era el radionovelista boliviano: Por eso me fascinaba tanto» *[p. 236]*) que el narrador derivó la admiración que se entremezclaba con una curiosidad de entomólogo.   Amistad que llevaría a Varguitas a acercársele, a conocer sus secretos y a impedir el denuesto final. Esta relación sirve de contrapunto a la historia paralela del amor con Julia ya que el escándalo de los radioateatros-- la conjunción de los textos-- se da junto al escándalo familiar -- la conjunción de cuerpos que pertenecen a diferentes «categorías» según los rigurosos códigos miraflorinos; la negación de otra variante de los «modernismos» asignados a Camacho. A partir de ese momento, las noticias y los radioteatros y la relación con la tía Julia se integran en un solo texto compuesto por elementos inseparables e indisolubles. La superposición caótica de los hechos y las informaciones se produce ante la ausencia de una fuerza orgánica que los dirija, hecho que realza la magnificación de la presencia de un héroe --aunque limitado a los excesos de Camacho y luego de Varguitas-- como requisito de orden y facultad comunicativa para transmitir su sentido de la realidad a ese mundo.

A medida que Camacho se desplaza del texto se asienta aún más la relación literatura-Julia. Si bien Varguitas ha declarado reiteradamente esa secuencia, es la tía Julia la que condiciona y valora los textos. Las alteraciones en la conducta de Varguitas ante Julia se pueden medir entre las ansias de leerle un cuento al deseo de hacerle el amor, y luego leerle un cuento. La reiteración de ese deseo oral (que en otro orden no deja de apuntar a un proceso de desarrollo incompleto) se verifica en el énfasis otorgado a la producción de los radioteatros. Así como la huachafería es ridiculizada desde su propio uso, la función del radioteatro es elaborada desde su propia redacción. Los primeros diecinueve capítulos alternan la narración de Varguitas con una versión narrada -- no pautada para actores--de los radioteatros de Pedro Camacho. Los cruces entre ambos son inicialmente paulatinos. El primer radioteatro promueve la ambigüedad si bien éste, como todos los radioteatros, está narrado por una tercera persona e identificado por las preguntas del suspenso final previas a la no mencionada recomendación de que la futura sintonía responderá a esos interrogantes. Finalmente, el mundo de los radioteatros y la propia personalidad de Camacho invaden el recinto familiar de las tías. En secuencias paralelas, el elemento romántico que había deseado inicialmente la tía Julia en vez de ese inmediato «hacer cosas» (característico de toda «nueva generación»), se traduce en un romance de calidad radioteatral. Si bien éste permanece ajeno a las recetas cataclísmicas de Camacho, en la totalidad de la lectura se suma como un gran radioteatro «moderno» que incluye en sí --como los radioteatros del escribidor entre sí-- al mundo total que abarca ambos niveles de la narración.

El capítulo final constituye el epílogo de los acontecimientos personales de Varguitas y aporta la información anticipada en todo texto de este orden sobre los personajes de Radio Panamericana y del equipo de Camacho. Si Varguitas pasó de la necesidad de prostituir la pluma --según la opinión de Javier-- escribiendo para revistas y semanarios, a ser escritor con bohardilla, Camacho siguió una trayectoria contraria: en vez de la santificación autorial pasó por la locura que lo redujo a mero datero. El conocimiento catalogador de congéneres y evocador de exaltadas emociones pasa a ser «huachafo, usa palabras que nadie entiende, la negación del periodismo» (p. 446). Las predilecciones por ciertos vocablos, aun por nombres modernistas como Puck (de duende modernista a perro de radioteatro) que eran asimilables por los oyentes, se veían excluidos del orden impreso aun en las páginas escandalosas de la revista *Extra*. El cruce entre las etapas orales y escritas y el cambio de género, si bien no de público en su totalidad, regimenta la valoración y, en última instancia, la supervivencia y el éxito. Sin embargo, y a pesar de sus veleidades, Camacho seguía afirmándose a su eco de veracidad en todo acto y aserción. Ignorando los cambios en los medios de comunicación y las alteraciones parciales en el público, la organización de radioteatros-noticias-novelas continuaban articulándose en un mismo lenguaje que disipaba los límites. Al intentarlo subrayaban la decadencia y asentaban el fracaso y la burla.

Para el antiguo Varguitas, mientras tanto, continuaba aun «la manía de la ficción 'realista'» (p. 430) --variante respetada de la mal entendida «veracidad» de Camacho-- que lo obligaba a regresar periódicamente al Perú para absorber voces y espacios y documentar lo narrado. Lo inmediatamente verificable --al margen de la ficción incorporada a ese orden-- se asienta en los datos «personales» que narran el paso de la tía Julia a la prima Patricia.

Sin sugerir un cruce directo y unívoco entre las actividades del escribidor y el escritor, cabe, sin embargo, la posibilidad de plantear ciertos interrogantes sobre el proyecto narrativo total de Mario Vargas Llosa. En varias ocasiones, Vargas Llosa se refirió a la escritura de la novela como un *strip tease*.[10] La develación descubre pero, por otro lado (¿el mismo?) también encubre. Los tratamientos anteriores del período regido por Manuel Odría (1948-56) y algunos de sus personajes reaparecen en *La tía Julia*.[11] El des-cubrimiento de los orígenes es aquí el más acentuado y el más específico, a la vez que, como ya lo hemos indicado, sirve como advertencia a simples analogías de narrador-autor y de cualquier ceñido estricto a lo autobiográfico. Si se da aquí la seguridad de lo conocido y lo totalmente asimilado, también se da la mirada irónica sobre la sensiblería y la huachafería y, en otro orden, el vaciamiento de cuestionamientos sobre recursos narrativos «realistas».

Desde esta revisión Vargas Llosa parece signar el agotamiento de una exploración que desde las categorías del realismo que documenta explícitamente en las páginas finales parece apuntar a su cuestionamiento. Desde allí se postularía una posible apertura a los alcances de cualquier aproximación mimética de la literatura y a la reevaluación de la «pasión» que puede caracaterizar a todo escritor en cuanto escribidor.

NOTAS

1. *La tía Julia y el escribidor,* Barcelona, Seix Barral, 1977. Todas las citas provienen de la primera reimpresión, 1978.

2. Salvador Elizondo, *Farabeuf,* México, Joaquín Mortiz, 1965.

3. David Viñas ha estudiado este aspecto en la trayectoria del escritor argentino desde el viaje del escritor romántico hasta sus variantes actuales. Véase *De Sarmiento a Cortázar,* Buenos Aires, Siglo Veinte, 1971.

4. Hacia ello parecería apuntar parcialmente José Miguel Oviedo en su «*La tía Julia y el escribidor,* or the Coded Self-Portrait», en *Mario Vargas Llosa. A Collection of Critical Essays,* Charles Rossman and Alan Warren Friedman, comps., Austin, University of Texas Press, 1978, pp. 166-81. Véanse en especial las pp. 180-81. En otro orden, dice Oviedo: «Through Camacho, Vargas Llosa has intended to parody literary production. But in comparing Camacho with himself, as protagonist and writer of general bad stories, Vargas Llosa has gone farther yet: he was written a *critique* of literature and has shown how all literature (especially that which claims to be the most realistic) is a betrayal of reality» (p. 172).

5. Algunas de estas variantes pueden notarse en la crónica de la redacción que indica Vargas Llosa en una entrevista concedida a José Miguel Oviedo, «Conversación con Mario Vargas Llosa sobre *La tía Julia y el escribidor*», en *Mario Vargas Llosa. A Collection of Critical Essays,* p. 156. Importa subrayar que en torno a ello Vargas Llosa aporta un dato significativo sobre la utilización de planos literarios y su función «verosímil». Dice Vargas Llosa: «...se me ocurrió que las historias delirantes del protagonista que escribe radioteatros y que tiene una imaginación perturbada, quizá podía mezclarse con una historia que fuera exactamente lo contrario, algo *abolutamente objetivo* y *absolutamente cierto*. Una historia en que yo contaría *exactamente* unos episodios de mi vida a lo largo de unos meses...» (pp. 156-58. El subrayado es mío). Véanse también los datos bigráficos referenciales en *Historia secreta de una*

novela. [Texto de una conferencia pronunciada en 1968], Barcelona, Tusquets Editor, 1971, pp. 24, 48-9; Ricardo Cano Gaviria, *El buitre y el ave fénix,* Barcelona, Anagrama, 1972, pp. 107-08.

6. En una conferencia dictada en 1966, Vargas Llosa se refirió a los recursos utilizados en la técnica de la novela. En esa ocasión mencionó la técnica de «los vasos comunicantes», «las cajas chinas» y «la muda o el salto cualitativo». *La novela,* Montevideo, Fundación de Cultura Universitaria (Cuadernos de literatura / 2), 1968, pp. 22-8 (mimeo). En el ya citado ensayo, Oviedo señala que esta novela apela a «los vasos comunicantes» para la interacción de los dos planos narrativos (p. 179).

7. «...frente ancha, nariz aguileña, mirada penetrante, rectitud y bondad en el espíritu». Estos indicios son característicos de los personajes «estabilizadores» o rectores de los radioteatros de Camacho.

8. Si bien los tíos cumplen «cincuenta» años en ocasiones festivas, la cifra adquiere otras tonalidades en circunstancias adversas. Ante la búsqueda de un alcalde que casara a Julia y Varguitas, éste indica que uno de ellos «era un hombre cincuentón, gordo e inexpresivo» (p. 379); y fue precisametne éste el que los casó y signó la entrada de Varguitas a la «edad del vino.» A pesar de esta discrepancia entre Varguitas y Camacho, los hábitos, giros y prejuicios del escribidor se filtraron paulatinamente en el lenguaje del «escritor» (v.g., la predisposición ante lo argentino). La integración de expresiones lingüísticas y modificaciones climáticas afirman las transiciones entre ambos planos narrativos.

9. En una entrevista con Ricardo Cano Gaviria, afirma Vargas Llosa: «La relación con la literatura es una relación de tipo pasional, igual a la que se tiene con una mujer, una relación excluyente, algo enloquecedora y ambiciosa. Esa es la relación con la literatura del verdadero creador». *El buitre y el ave fénix,* p. 24. Cf. con las variantes antes citadas en la conversación entre Varguitas y Camacho.

10. Véase en especial *Historia secreta de una novela,* pp. 7-8.

11. Hay una referencia explícita a ese período en *La tía Julia,* p. 432.

«Explicación falsa de mis cuentos» de Felisberto Hernández

ROBERTO ECHEVARRREN

Bajo este título se lee un texto breve (de página y media) y célebre (incluído a la cabeza de casi todas las antologías de Felisberto Hernández). El adjetivo «falsa» en el título parece indicar un segundo nivel de falsedad. El primero, el de la ficción («mis cuentos»), en vez de recurrir a un lenguaje no-ficticio para explicarse, es decir, a un supuesto metalenguaje, se «explica» por una ficción de segundo nivel. Para llevarla a cabo recurre a una distinción funcional, topológica, al contraponer el término «conciencia» al crecimiento de una planta. Pero no pretende tener del término conciencia una noción cabal: «ésta también me es desconocida».[1] Caracteriza a la conciencia por sus tendencias, en contraposición al otro proceso, éste sí, nombrado sólo metafóricamente: el crecimiento de la planta, o sea, la gestación de un cuento. Es precisamente evitando el carácter definitivo, sustancial, de un metalenguaje, que puede salir adelante con su explicación. La conciencia se contrapone como elemento regulador (aunque no se precisa exactamente cómo: preferiría decir que esa intervención es misteriosa», *EF* 13) al proceso metafórico del crecimiento.

Pero consideremos el comienzo del proceso: «En un momento dado pienso que en un rincón de mí nacerá una planta (*EF* 13). La palabra *inconsciente* no aparece en el texto, pero al hablar de la conciencia, se sobreentiende que el crecimiento será marginal a la conciencia, de algún modo inconsciente. Lo que sería inconsciente es precisamente el engendramiento; engendramiento, hay que precisar, metafórico. Si la planta en sí alude al producto - relato -, el nacer de la planta alude al proceso de escritura. ¿Cuál es la posición del proceso de escritura en relación al yo consciente? Si el yo consciente consiste en el agregado de una identidad personal y un punto de vista que le corresponde, el proceso de escritura es impersonal, marginado en relación al yo consciente. La metáfora del «crecimiento de una planta» indica la abolición de los elementos de identidad personal-humana. El «rincón» donde crece la planta resulta *descentrado* con respecto al yo de la conciencia. Este sirve apenas de punto de referencia en una distribución espacial: «en un rincón de mí nacerá una planta». El *mí,* desinencia completiva de *nacer,* constituye un *topos,* un lugar, en relación a otro lugar, el *rincón* del nacimiento. El rincón es un lugar visto *al sesgo* en relación al *mí,* el cual, aunque centro de tensión de un sistema percepción-consciencia, no es agente del proceso de escritura.

En el cuento «Lucrecia» se lee que las hojas de la planta que el narrador compra en la plaza del mercado *re-nacentista* parecen hechas de encaje, es decir, de entrelazamiento rítmico, de trama. [2] Si el *mí* sirve apenas de marca topológica para indicar el descentramiento de un proceso (escritura), cabe preguntarse por el agente de dicho proceso. Si hacemos esta pregunta, desubriremos un hueco negro bajo la planta. De acuerdo a «Explicación falsa,» el agente resulta inhumano y por lo tanto incomprensible desde el punto de vista de la identidad personal. Por otra parte, ese agente resulta imposible de «cazar»: «Así trataba de cazar, en un espacio, o en un hueco que un instante antes había aparecido, un pájaro que en ese momento, cuando la atención quería ocupar el hueco, él la sorprendía huyendo sin ruido, sin dar tiempo a que la atención lo cazara y sin dejar otra huella que un poco de aire agitado.» La cita pertenece a un fragmento titulado *Tal vez un movimiento:* el *tal vez* indica una instancia, «un momento dado», *un coup de dés.* Entonces la planta o el pájaro dejarían un hueco imposible de llenar con ninguna sustancia. Lo que se designa detrás del objeto metafórico es la distribución de un movimiento, un ritmo («un poco de aire agitado»). Veamos la continuación de este fragmento:

> ¿Pero el pájaro no sería la misma idea? ¿No sería la idea que buscaba hacer nido en algún hueco oscuro, en algún lugar extraño? No, no podía hablar de una idea hecha, aunque ella incubara otras. Se trataba de una idea mientras se hacía, cuando todavía no se sabía qué pájaro le volaba por encima. . . Mientras ocurría esto era que aquéllo aparecía y me daba el sentimiento de la vida y su misterio. (*TVM* 105)

El trozo intenta ceñir la instancia de emergencia textual de un algo no identificado, no dado de antemano, no preexistente. El sujeto es leído en su obliteración, recién *a posteriori,* a partir del efecto metafórico. Mientras se *hacía* la idea en escritura «todavía no se sabía qué pájaro le volaba por encima». Lo que estuvo allí un instante, en el instante en que deja de estar, evocado en su ausencia.

En «Explicación falsa,» el yo de la conciencia busca facilitar, más que detener, el crecimiento de la planta: «La empiezo a acechar creyendo que en ese rincón se ha producido algo raro, pero que podría tener porvenir artístico» (EF 13). Lo «raro» es precisamente lo que tiene «porvenir artístico». En «Por los tiempos de Clemente Colling se lee: «El *misterio* empezaba cuando se observaba cómo se mezclaban en el conjunto de cosas que ellas *[las longevas]* comprendían bien, otras que no correspondían a lo que estamos acostumbrados a encontrar en la realidad. Y eso provocaba una actitud de expectación: se esperaba que de un momento a otro, ocurriera algo *extraño. . .»* (*CC* 13, yo subrayo). Lo raro, lo misterioso, lo extraño, que constituye el foco de la elaboración textual de Felisberto Hernández, anuda su obra con la tradición del relato fantástico a partir de finales del siglo XVIII. Las implicaciones de los textos capitales de ese momento (de Hoffmann y Poe, por ejemplo) prefiguran el modo de interrogación poética a partir de Freud y Mallarmé. No se trata ya de la problemática «romántica» de la expresión, ni tampoco de la problemática de la representación,[3] sino de aquélla caracterizada por la división y la indeterminación del sujeto.

Es con el ensayo de Freud *Das Unheimliche* (traducido al español como *Lo siniestro*) que lo fantástico en literatura es entendido como suspensión de las convenciones o códigos que aseguran la comunicación: «El literato dispone todavía de un recurso que le permite sustraerse a nuestra rebelión y mejorar al mismo tiempo las perspectivas de lograr sus propósitos. Este medio consiste en dejarnos en suspenso, durante largo tiempo, respecto a cuáles son las convenciones que rigen en el mundo por él adoptado; o bien en esquivar hasta el fin, con arte y astucia, una explicación decisiva al reespecto.»[4] El suceso fantástico consiste en la introducción de lo inexplicado, de un misterio, en relación a un supuesto código de verosimilitud, lo cual equivale a dejar en suspenso ese código. Freud distingue tajantemente entre lo maravilloso y lo fantástico. Lo maravilloso abarcaría un campo vastísimo: toda narración en la cual hechos o personajes sobrenaturales sean convencionalmente admitidos como elementos corrientes o necesarios en ese mundo. Tanto el relato maravilloso como el realista seguirían, en principio, convenciones perfectamente claras. El tipo de narración que en Latinoamérica se ha bautizado como «real-maravilloso» o «realismo mágico» quedaría asimilado, sin más, a la vieja categoría del relato maravilloso, ya que lo extraodinario que allí aparece no es desde el punto de vista de las convenciones narrativas adoptadas por el texto. El relato fantástico en cambio, carecería de código de representación propio. Pondría internamente en cuestión la posibilidad de un código. Lo fantástico, carente de *quidditas,* se afirmaría precariamente en convenciones narrativas realistas o maravillosas, sin saberse hasta cuándo ni en qué medida. Por otra parte, si el suceso fantástico debe endenderse como un cuestionamiento al nivel de las convenciones narrativas, hay que señalar la diferencia con respecto a las acciones de los personajes. El suceso fantástico sería una disrupción significante de una narración convencional, mientras que las acciones de los personajes son funciones de la narración. Advertimos así en qué sentido, en el relato fantástico, las acciones resultan secundarias con respecto al suceso.

Las bromas y/o sorpresas que sufre Horacio, protagonista de la novela *Las hortensias,* Los sueños de angustia de los narradores de «El caballo perdido» o «Tierras de la memoria,» los «momentos de ofuscación» del narrador de «El caballo perdido,» al confundir una estatua con una mujer, o del de «Ursula,» al confundir una mujer con una vaca, son instancias del suceso fantástico en tanto sitúan a un sujeto «transpronominal»[5] (escritor, lector, narrador, protagonista del texto) en una dimensión paradójica, radicalmente problemática, de su existir. El suceso fantástico provoca una conmoción en el sujeto. El argentino Macedonio Fernández ha escrito que el arte tiende «no a uno de los temas, problemas o intereses de la conciencia sino a conmoverla como un todo, en el ser de ella. Esto no puede obtenerse sino por el órgano de la Acepción - la Palabra -, es decir que la Prosa es la única belarte posible, la belarte de la conciencia, y tiene dos géneros únicos: la belarte de Ilógica, que se dirige a la concusión de la conciencia intelectiva, y la belarte Novelística, a la de la conciencia de la existencia.»[6] para Macedonio Fernández el arte es una cuestión de técnicas, diferentes en su procedimiento pero coincidentes en su finalidad: Provocar una conmoción en la conciencia, a través de la cual ésta salga de la ilusión de poseer una identidad y emerja como sujeto dividido. Las dos técnicas son lo que él llama «belarte de Ilógica», y también «chiste conceptual», y «Novelística» o ficción narrativa. Para Macedonio no hay otro suceso para que el hombre aprehenda su condición sino el que provocan estas técnicas textuales. Es posible acercar el suceso fantástico a su noción de suceso propiamente dicho, o suceso artístico. Vale la pena llevar a cabo este acercamiento: nos muestra que de lo ridículo a lo sublime no hay más que un paso, es decir, que el sinsentido del humorismo no es radicalmente diferente, en su efecto de conmoción del sujeto, que el suceso fantástico.

El ejemplo de chiste conceptual por excelencia que da Macedonio es el siguiente: «Eran tantos los que faltaban que si falta uno más, no cabe.»[7] A través de este chiste el sujeto advierte que su propia coherencia le viene de las leyes lógicas del discurso. El ejemplo de «belarte de Novelística» sería el Quijote, personaje de ficción, que lee o discute el Quijote de Cervantes o el de Avellaneda.[8] A través de este absurdo el lector advierte lo ilusorio de su propia identidad personal. Al acercar la conmoción conciencial del chiste a la que produce el suceso fantástico, resulta más fácil entender por qué las sorpresas que recibe Horacio en *Las hortensias* le provocan una conmoción que a veces es interpretada por él como una broma y otras como un suceso fantástico propiamente dicho, que lo aterroriza. También es más fácil entender por qué ciertos textos, además de los de Felisberto Hernández, los de Bioy Casares, por ejemplo, combinan alternativamente efectos humorísticos y fantásticos.

A través del suceso textual (humorístico, novelístico, fantástico) el sujeto descubriría que su deseo le llega alienado a través del discurso, dividido de un origen indecible que él ignora (el hueco negro que hay detrás del «pájaro» metafórico según el pasaje ya citado de Felisberto). Si en «Explicación falsa» el crecimiento de la planta que ocurre en un rincón de *mí* muestra la condición del sujeto dividido, otros pasajes de Felisberto ratifican la topología: el yo «ha mirado a otros, con su condición, desde luego, y encontró que hay muchos 'divididos' sin saberlo» (*DS* 148). Tanto la planta como la escritura se nutren de un «agua» - basta examinar algunos de sus relatos, «El caballo perdido,» *Las hortensias* y «La casa inundada,» principalmente -; ese «agua» está más allá del alcance inmediato del yo consciente, y sólo puede ser captada o extraída mediante ciertos procedimientos significantes.

Un corolario de este descubrimiento (la división del sujeto) es el «desinterés» que corresponde a la intervención de la conciencia. No puede obrar en función de los intereses del sí mismo, ya que el sujeto dividido trasciende las identificaciones y la coherencia de la identidad personal. La conciencia debe servir con desinterés el proceso de la escritura - ya que la planta «enseñará a la conciencia a ser desinteresada» (*EF* 14). Se establece lo mismo en «Tal vez un movimiento:»«Y por último había descubierto que el pensamiento tendría que moverse desinteresadamente» (TVM 106).

He aprovechado el acercamiento a «Explicación falsa» para

señalar algunos aspectos que apuntan, creo, a la dimensión de una poética de los textos de Hernández. Poética tanto de la escritura como de la lectura: «presiento o deseo que tenga hojas de poesía; o algo que se transforme en poesía si la miran ciertos ojos» (*EF* 13). La lectura debería ser capaz de aceptar la invitación del texto y pasar a la instancia de producción, atendiendo al crecimiento de la planta, o a la vigilancia de «una idea mientras se hacía».

NOTAS

1. Felisberto Hernández, «Explicación falsa de mis cuentos», en *El caballo perdido y otros cuentos,* Buenos Aires, Calicanto, 1976, p. 13. Citado en adelante como *EF.* Los otros textos citados son «Diario del sinvergüenza» y «Tal vez un movimiento», en *Diario del sinvergüenza y últimas invenciones,* vol. VI de las *Obras Completas,* Montevideo, Arca, 1974, que serán citados como *DS* y *TVM* respectivamente.

2. Cf. F.H., «Lucrecia», en *Las Hortensias,* vol. V de las *Obras Completas,* pp. 99-114.

3. Cf. Walter Mignolo, «La instancia del 'yo' en 'Las dos historias'», en *Felisberto Hernández ante la crítica actual,* Alain Sicard, comp., Caracas, Monte Avila, 1977, pp. 178, 181.

4. Sigmund Freud, «Lo siniestro», en *Obras Completas,* tomo III, Madrid, Biblioteca Nueva, 1973, p. 2505.

5. Cf. Walter Mignolo, p. 177.

6. Macedonio Fernández, *Epistolario,* Buenos Aires, Corregidor, 1976, p. 17.

7. Cf. Macedonio Fernández, «Para una teoría de la humorística», en *Teorías,* Buenos Aires, Corregidor, 1974.

8. Cf. Macedonio Fernández, «Para una teoría de la novela», *Ibid,* pp. 257-258.

«Avenida de Mayo» y «El posible Baldi»: Dos variaciones onettianas sobre el tema *The Man of the Crowd* de Edgar Allan Poe

LUIS A. DIEZ

El año pasado, esta comunicación se habría titulado «Cuatro cuentos semi-inéditos de J. C. Onetti», o algo parecido, por versar sobre el cuarteto de relatos liminares («Avenida de Mayo,» «El posible Baldi,» «Convalecencia» y «El obstáculo»)¹ escritos, publicados, concursados y luego perdidos u olvidados en los 1930, antes de que su autor comenzara, en *El pozo,* seriamente a jugar con la prescidencia literaria de editores, críticos y lectores. Igualmente perdidos o extraviados fueron mis intercambios postales con los organizadores de este Congreso. El desencuentro me ha permitido corregir el alza de tiro, concentrado ahora sobre los dos primeros títulos mencionados, desde la perspectiva temática que originalmente enunciara Edgar Allan Poe en su relato *The Man of the Crowd.*

Aclararé, sin embargo, que este enfoque no supone de ninguna manera reclamar aquí patente de corso sobre el entronque, casual o premeditado, de Onetti con Poe. Antes bien, tratándose del gran *volpone* de las letras orientales («esos gárrulos y mezquinos uruguayos», que dijera Cortázar), esta clase de futil encuesta acabaría llevándonos hacia imprevisibles rumbos, como por ejemplo, la ascendencia de Juan Carlos Onetti sobre Edgar Allan Poe. Porque con Onetti, el juego de las asociaciones literarias malamente puede rebasar el ingenioso desplante con que en su día resolviera el ancestro novelístico de Roberto Arlt: «Leyó a Rocambole y creyó». Lo que traducido en términos personales podría significar el propio Arlt, Céline, Hamsun, Chandler, Faulkner y una porción tan hipotética como indeterminada de otros nombres.

En cuanto a Allan Poe, baste decir que es uno de los *groundbreakers* que el genio norteamericano ha producido, no tanto para el estímulo propio como para la mayor gloria de la literatura

latinoamericana.[2] Poe auna además las ventajas de una gran ase-
quibilidad editorial (ahora incrementada con el aporte cortazariano)[3]
y de ser depositario o galvanizador de esa tradición «gótica», o
«imaginación viciosa», que ponen en marcha los alucinados escritores
del primer romanticismo: Jean Paul, Novalis, Schlegel, Coleridge y
De Quincey.[4]

Su cuento «El hombre de la multitud» dista de ser uno de los más
divulgados, si se le compara a las delectaciones morbosas, tipo «El
tonel de amontillado,» o a los premonitorios ejercicios detectivescos
de Auguste Dupin. Y sin embargo, este sobrio relato contiene todos
los elementos de la «demonología burguesa» que la visión de
Rousseau, camino de Vincennes, legará a nuestra modernidad el año
1749. Evaluando aquel decisivo momento, J. B. Priestley
escribió: «The fantasies of the unconscious had invaded his consciousness; he was living in a dream, or indeed a nightmare, out of
which he could not awake himself.»[5] Y, habríamos de añadir, que
los negros humores de aquella pesadilla siguen con nosotros, pues
Rousseau pone en marcha una nueva raza de viajeros por el orbe
literario. El místico progreso del peregrino de Bunyan hacia la
Gracia, las caminatas del pícaro en pos del elusivo sustento, las
cabalgadas de Amadises tras horizontes de gloria o verdades ab-
solutas, se desvanecen para siempre con las primeras meditaciones del
«paseante solitario». Ya no habrá ni polvo de los caminos que
sacudir en la acogedora venta, ni siquiera paisaje que otear. En su
lugar, el hombre de la fragmentadora sociedad industrial patea
ofuscado y sin rumbo el mugriento empedrado de la deshumanizada
metrópolis, o, alucinadamente la contempla, como Baudelaire, desde
su miserable buhardilla. «La noche sanguinolenta», escribiría más
tarde Lamartine, »se llena de un rumor de sueños.» En la patria
natural del hombre *demezziato* (en la terminología de Italo Calvino),
vivimos acuciados por la doble polaridad del horror burgués: la aventura fantástica o la reclusión satisfecha en la vida cotidiana. Entonces como ahora, el único escape de una civilización fría y técnica es
por vías del *sub limine conscientae.*[6] Pero como todo don diabólico,
la espeleología de las tinieblas encierra sus propios riesgos; en este
caso, el desdoblamiento y la exasperación del yo. Ambos están áp-
tamente recogidos y tratados en el cuento de Poe y en los relatos de
Onetti.

* * *

Londres es el marco convulsionado que Poe eligió para «*El hombre de la multitud,*» con preferencia sobre las incipientes urbes
americanas de su tiempo, al igual que Onetti descuidará Montevideo

por Buenos Aires. En cualquier caso, la intención moral del cuento está quintaesenciada en una cita inicial de La Bruyère: «Ese gran mal, o enfermedad, de no poder estar solo».

El narrador, sentado junto a la vidriera de un café distrae su ocio contemplando a la multitud. Anochece y la masa de transeuntes se va convirtiendo en marea humana. Inconscientemente primero, minuciosamente después, el curioso espectador nos va dando lo que pudiera ser la primera disección antropológica de la gran urbe industrial: una especie de «lonely crowd» *avant la lettre*. No sólo encontramos en sus primeras páginas un completo y detallado catálogo de la fauna citadina, con toda su rica gama de estamentos y profesiones (adelantándose, sin duda, a las paletas detallistas de Balzac y Dickens), sino que penetra además en ese terreno inexplorado del *mass behaviour*.

> Miraba a los viandantes en masa y pensaba en ellos desde el punto de vista de su relación colectiva. Pronto, sin embargo, pasé a los detalles, examinando con minucioso interés las innumerables variedades de figuras, vestimentas, apariencias, actitudes, rostros y expresiones.

Y al referirse a ciertos tipos de la clase empresarial, Poe observa:

> ..se movían incasables, rojos los rostros, hablando y gesticulando consigo mismos como si la densidad de la masa que los rodeaba los hiciera sentir solos.

No faltan tampoco ciertas alusiones racistas («Descending in the scale of what is termed gentility»), medio perdidas en la traducción de Cortázar hacia un tipo humano que se llamó Shylock en Shakespeare, Fagin en Dickens y buhonero anónimo («cuyas facciones sólo expresaban abyecta humildad») en el presente cuento. ¿Fue Poe el cripto-pregonero de Pound? Déjese la respuesta en suspenso, porque a estas alturas del relato los ensalmos mesméricos del atormentado escritor virginiano nos empujan tras los pasos, tan rápidos como inciertos, de un misterioso transeunte. En su seguimiento agotaremos esa noche, cruzaremos y recruzaremos la gran ciudad durante todo el día siguiente hasta que, bien entrada la segunda noche, descubriremos con una mezcla de horror y desilusión que el extraño correcalles es un mero fugitivo de la soledad urbana, cuya interioridad, como cierta obra alemana de Grünninger *er laast sich nicht lesen:* es mejor dejar inleída.

De esta manera, Poe, el fabuloso *ground-breaker*, nos deja asomados al petril de un gran tema que la literatura contemporánea va a explorar morbosa e incansablemente. Allá donde terminan las huellas del deambulador, londinense, reanudarán el camino: pausadamente los *flâneur* de Baudelaire, con mayor presura los insatisfechos de Baroja, introvertidamente el joyceano Leopold Bloom, biliosamente el doctor de Céline, atorrantemente los lanzallamas de Arlt, piantadamente los cronopios cosmopolitas de Cortázar y, tres vueltas a la derecha, vengativamente la pudorosa Emma Zunz. Insolidarios, marginados, alucinados, revulsivos, soñadores, en la caótica enumeración de este inventario parecen, por un momento, perder su formidable aureola de solitarios.

Dentro de la obra global de Juan Carlos Onetti, los habitantes de la noche y el vacío urbano se proyectan también con estimulante frecuencia. Aránzuru, Jason, Ossorio, Brausen, Larsen y el ubicuo y durable Díaz Grey, por mencionar los más celebrados, son otras tantas emanaciones de la delectable misantropía (cultivada o literariamente heredada) de su autor. Pero antes que todos ellos, anterior incluso al visionario Eladio Linacero de *El pozo,* hubo una temprana promoción de ensoñadores y sonámbulos, entre los que figuran prominentemente los personajes de los dos cuentos que nos ocupan: Víctor Suaid en «Avenida de Mayo-Diagonal-Avenida de Mayo» y el homónimo protagonista de «El posible Baldi».

Al contrario que «El hombre de la multitud,»estos dos relatos nos muestran la interioridad del personaje enfrentado al gran monstruo civilizador que amenaza con aplastar su individualidad. Contra el mundo de los hechos reales, ellos enarbolan un anarquismo irracional y mágico. Herederos de la revolución vanguardista, los nuevos paseantes solitarios parecen dotados de un talante hostil y perverso. Corre por ellos la rica oscura savia de Maldoror, «Alfred Prufrok,» el lorquiano Rey de Harlem, el hombre nerudiano del cuchillo verde que amenaza al notario con un lirio cortado, el *little tramp* chapliniano encaramado burlón sobre los formidables engranajes de la General Motors y toda una dotación de profanadores de «la gran costumbre».

Buenos Aires, la cabeza de Goliat, que Jorge Luis Borges desertaría, quizás antes de la primera escaramuza, para cobijarse en alienados fulgores, será para el joven Onetti un divertido y estimulante reto.[7] Como en el título de una primeriza novela de Graham Greene, la metrópolis platense se le aparece como un *battlefield*. Y Víctor Suaid, o Baldi, se comportan como *infiltrated partisans* por territorio enemigo.

La incursión nocturna de Suaid posee un claro objetivo: Avenida de Mayo a Diagonal y vuelta a la Avenida del comienzo. Su planteamiento podría homologarse a un ejercicio de bravura interior que «el hombre», en la típica concepción onettiana, juega con los fantasmas de su mente. Los parámetros del juego equivalen a una mezcla caprichosa de la rayuela con *prisoner's base*. El mecanismo motriz viene dado por los estímulos sensoriales del tráfico y la actividad callejera sobre los devaneos de su inconsciente.

Valgan unos ejemplos. Justo al principio de su paseo, una interrupción del tráfico hace sentir a Suaid el frío de la noche. La sensación física provoca en él una doble reacción: Mentalmente se enfrenta a la posibilidad de su ficcional supervivencia por las etapas árticas, mientras que físicamente refleja la firme aceptación del reto:

Podría desafiar cualquier temperatura; podría vivir más allá abajo, mas lejos de Ushuaia.
Los labios estaban afinándose en el mismo propósito que empequeñecían los ojos y cuadriculaba la mandíbula.

A partir de esta escena, el relato se desenvuelve sobre la doble vertiente de elucubración visual, por un lado, y de subrayado emocional, por el otro. El primer nivel nos irá mostrando una riquísima gama de paisajes helados y de situaciones de un dramatismo elemental, tan solo equiparable al infantil cuadernillo de aventuras, al cine americano de los años treinta o al mundo de los sueños. Así, tras una primera y «exagerada visión polar, sin chozas, ni pingüinos», como secuencia de fotogramas fuera de foco, el sonambulismo de Suaid irá cobrando una mayor nitidez, apoyándose para ello en una serie de lugares comunes: Alaska y Jack London, el Yukón y la Policía Montada del Canadá.[8]

Pero en el diablesco espíritu de su autor, el fluir asociativo desborda las normas más convencionales del *stream of consciousness,* para remontarse a un plano surreal y lírico en el que mortíferamente se combinan la reducción al absurdo y la visión antiutópica de los vanguardistas.

-Por un cigarrillo...iría al fin del mundo.

Veinte mil «affiches» proclamaron su plagio en la ciudad. El hombre de peinado y dientes perfectos daba a las gentes su mano roja, con el paquete mostrando -1/4 y 3/4- dos cigarrillos, como dos cañones de destructor apuntando al aburrimiento de los transeúntes.

-...hasta el fin del mundo. (p. 4)

En los albores del romanticismo alemán, Jean Paul, comentando sobre su primera revelación del «rostro interior», del «yo», dictaminó que «cada uno lleva en sí un sonámbulo cuyo magnetizador es él mismo». Siglo y medio más tarde, el diagnóstico de Jean Paul resulta perfectamente aplicable al personaje de Onetti, con la única salvedad del elemento magnetizador, ahora fantasmagóricamente soliviantado por fluorescentes reclamos, deslumbradores destellos del tráfico y gigantescos «affiches» enarbolados sobre elevadas cornisas. Todo ese paisaje nocturnal, luminario y decadente, que muy pocos hoy admirarían y menos aún poetizarían, fue sin embargo en los años más inocentes de entreguerras un rico erario inspiracional para el arte fotográfico, la literatura futurista o concientizadora y la pintura expresionista. Espoleado por el embrujo mimético del cine norteamericano se produce, en muchas capitales europeas y latinoamericanas, un proceso de «manhattanización». Uno de los signos más evidentes fue la aparición de raquíticos y pretensiosos rascacielos, tipo Palacio Salva en Montevideo o su equivalente porteño que sirve al errabundo Suaid de punto de velación entre dos instantes de ensueño:

> El colmillo de oro del Zar lo confortó. Nada importaba nada -energía-, los pectorales contraídos bajo la comba de los cordones y la gran cruz, las viejas barbas de Verchencko el conspirador.
> Se detuvo en la diagonal, donde dormía el Boston Building bajo el cielo gris frente a la playa de automóviles.
> Naturalmente, María Eugenia se puso en primer plano con el vuelo de sus faldas blancas (p. 3).

Otra inconfundible secuela del mismo fenómeno, el noticiero luminoso, aparece también unas líneas más abajo. Sus sensacionalistas titulares servirán no sólo para introducir fragmentos de la actualidad periodista de entonces (en forma similar a los «Newsreels» de Dos Passos, su posible modelo) sino que además dramáticamente el flujo de la consciencia excitable de Suaid:

> AYER EN BASILEA - SE CALCULAN EN MAS DE DOS MIL VICTIMAS. Volvió la cabeza con rabia.
> -¡Que revienten todos!

Entreverado con los siguientes interiores, se insinúa también un elemento que, andando el tiempo, admiraremos en la narrativa de autores como Manuel Puig: el mundo del cine. Pero, como en el resto de su arte, Onetti ha sido siempre, desde sus oscuros comienzos, una extraña mezcla de precursor y de «raro», abriendo camino y al mismo tiempo vedando toda posible imitación. Es así que, en vez de la magia o *glamour* de films y estrellas rellenando el vacío existencial de las gentes sencillas (estilo *Traición de Rita Hayworth*), Onetti prefiera iluminar su marginal incidencia sobre pequeños actos o manerismos de nuestro diario quehacer.[9]

El ejemplo más vívido tiene lugar hacia el comienzo de la narrativa, cuando la imaginación de Suaid se proyecta hacia una sucesión de paisajes nórdicos:

> En Rivadavia un automóvil quiso detenerlo; pero una maniobra enérgica lo dejó atrás, junto con un ciclista cómplice. Como trofeo del fácil triunfo, llevó dos luces del coche al desolado horizonte de Alaska. de manera que en mitad de la cuadra no tuvo mayor trabajo para eludir el ambiente cálido que sostenían en el «affiche» los hombros potentes de Clark Gable y las caderas de la Crawford...
> (1-2)

Normalmente estas situaciones se presentan en un contexto de exasperación, violencia o frustración, que la fantasía del personaje sublima con gestos redolentes del cine de acción o el *hard-boiled thriller*. Las repetidas alusiones a la pistola o el revólver Wesson que alguno de sus personajes deja asomar bajo la almohada o nos permite contemplar por entre los objetos triviales de su valija, y que ha debido desconcertar a muchos de sus lectores, pertenece a este mismo tipo de actitud.

¿Es ésta una de las trampas de Onetti, en el sentido crítico de Fernando Aínsa? ¿Se trata meramente de complacer vicariamente una proclividad violenta? ¿O pudiera, simplemente, ser un oblicuo tributo al genio de Hammet, Chandler y compañía?

Probablemente nunca sabremos la respuesta a estas preguntas: parte intrínseca del oscuro y escondido encanto de la narrativa de Juan Carlos Onetti. El hecho es, sin embargo, que gran parte de su obra rezuma con esta clase de latente violencia. En estos dos cuentos liminares, la carga de violencia y frustación es tal que aflora explosivamente, sin aparente provocación:

> Apuró el paso y quiso borrar un sentimiento indefinido, con algo de debilidad y ternura, que sentía insinuarse.

Con una ametralladora en cada bocacalle se barría toda esta morralla. (p. 6)

* * *

El espíritu terrorista de Sauid reemerge tres años más tarde (1936) en «El posible Baldi».Desde su arranque, el nuevo relato parece duplicar la aventura interior del primer ensoñador onettiano, con similar proceso de desdoblamiento y extraña mezcla de contagiosa euforia y fuerte depresión.

> Baldi se detuvo en la isla de cemento que sorteaban veloces los vehículos esperando la pitada del agente, mancha oscura sobre la alta garita blanca.   Sonrió pensando en sí mismo, barbudo, el sombrero hacia atrás, las manos en los bolsillos del pantalón.

Hay sin embargo, notables diferencias en el nuevo personaje. No sólo son sus señas de identidad más definidas y menos dramáticas que las de Sauid, sino que no es presentado en una tesitura de afable desenfado. Se trata de un abogado aparentemente próspero que, concluida su bien remunerada jornada, se enfrenta risueño a los placeres de una noche auspiciadora:

> Sintió de improviso que era feliz; tan claramente, que casi se detuvo, como si su felicidad estuviera pasándole al lado y él pudiera verla, ágil y fina, cruzando la plaza con veloces pasos.

A los habituales de Onetti, estos síntomas externos de felicidad burguesa malamente podrán engañar. Esa apacible fachada, que tantos de sus personajes han de repetir (incluido el derrotado Lársen a su regreso a Santa María), conlleva ya el síndrome de una explosión a corto plazo. El detonador viene aquí facilitado por «la mujer extraña y rubia» que irrumpe el curso de sus agradables pensamientos y de su marcha hacia Palermo: objetivo de sus planes nocturnos. El encuentro y los iniciales intercambios de ambos personajes están resueltos con la virtuosa ambigüedad de un narrador maduro ya en sus inicios. Como resultado del encuentro, la carga de frustración que subyace en la interioridad del personaje empieza a aflorar virulentamente, vía la desatada imaginación. Su primera emanación es de tipo mental y está motivada por un cercado de madera alrededor de unas obras municipales. Apoyado en la valla, durante una pausa en la conversación, la mente de Baldi convierte el cercado en empalizada, el callejero recinto en «el Fuerte Coronel Rich» y el paraje bonaerense en peligroso rincón del Colorado, a «equis millas de la frontera de

Nevada». En cuanto a su propia trasmutación, Baldi sopesará cuidadosamente las posibilidades que median entre su personificación del comandante de los defensores (un «Búffalo Bill de altas botas, guantes de mosquetero y mostachos desafiantes») o su *roll* de caudillo de los salvajes sitiadores (Wenonga, Mano Sangrienta, Caballo Blanco). El siguiente paso en esta línea visionaria, la proyección de la fantasía al mundo real:

> Porque si estuviera del otro lado de los listones con puntas flordelisadas -¿qué cara pondría la mujer si él saltara sobre las maderas?

será inmediatamente descartada por parecerle demasiado pueril.

He aquí la gran diferencia entre ambos cuentos. Mientras Victor Sauid encuentra que sus elucubraciones fantásticas le sirven, al menos temporalmente, para escapar del odioso medio ambiente, Baldi se siente forzado a reconciliarlas con su realidad exterior y las expresa por medio del diálogo. O, mejor dicho, por medio de truculentas historias que va contando a su acompañante, con el malévolo propósito de nausearla.

Es así que van surgiendo las distintas versiones de un posible Baldi: el cazador de negros, «con ametralladora Schneider de a doscientos cincuenta tiros por minuto», en las minas del Transvaal; el soldado de la Legión Extranjera que «regresaba a las poblaciones con una cabeza de moro ensartada en la bayoneta» y el macró de los cafetuchos portuarios de Marsella. Paradójicamente, el efecto de repugnancia que esperaba hacer sentir en la institutriz alemana para sacársela de en medio y poder seguir su camino hacia Palermo, no llega a producirse; antes bien, despierta en ella sentimientos de tristeza y lástima:

> -Pobre amigo. ¡Qué vida! Siempre tan solo....

La historia hubiera muy bien podido terminar aquí con esta certera nota anticlimática. Y sin embargo, lo mejor queda aún por contar: el efecto que su propia inventiva produce en el espíritu de Baldi:

> Comparaba al mentido Baldi con él mismo, con este hombre tranquilo e inofensivo que contaba historias a las Bovary de plaza Congreso. Con el Baldi que tenía una novia, un estudio de abogado, la sonrisa perpetua del portero... Una lenta vida idiota como todo el

mundo... Porque el Dr. Baldi no fue capaz de saltar un día sobre la cubierta de una barcaza... Porque no se había animado a aceptar que la vida es otra cosa, que la vida es lo que no puede hacerse en compañía de mujeres fieles, ni hombres sensatos.

El verdadero final, cuando tiene lugar pocas líneas más abajo, será no sólo uno de los más explosivos en la carrera cuentística de Onetti (repugnantemente magnífico como un film de von Stroheim), sino que nos deja con el sentimiento de que un nuevo miembro se ha incorporado a esa selectísima dotación de visionarios que pulula por los vericuetos de la gran literatura haciendo cortes de manga al *establishment*.

NOTAS

1.   J. C. Onetti, *Tiempo de abrazar y los cuentos de 1933 a 1950,* Montevideo, Arca, 1974.

2.   W. Whitman y A. Bierce son otros ejemplos de valores transterrados.

3.   E. A. Poe, *Cuentos* (2 Vols.) Madrid, Alianza Editorial, 1970. Prólogo y traducción de Julio Cortázar.

4.   En *Los hijos del limo,* Barcelona, Seix Barral, 1974, Octavio Paz considera la generación romántica anglo-germana como «la primera y más osada de las revoluciones poéticas, la primera que explora los dominios subterráneos de sueño, el pensamiento inconsciente y el erotismo» (p. 65).

5.   J. B. Priestley, *Literature and Western Man,* London, Penguin Books, 1969, p. 124.

6.   Elemire Zolla, *Historia de la imaginación viciosa,* Caracas, Monte Avila, 1968, p. 89-90.

7.   Hasta *Los adioses* (1954), la obra de Onetti encuentra su aliento vital en torno a la ciudad de Buenos Aires, por caracterizar tensiones y conflictos típicos del hombre contemporáneo. (Ver la introducción de Jorge Ruffinelli, «Onetti antes de Onetti», a *Tiempo de abrazar*).

8.   Resulta muy intrigante esta fascinación de Onetti con el Canadá, entrevisto como una idealización aventurera. Las ensoñaciones nórdicas de Sauid serán luego continuadas por el personaje de *El pozo.*

9.   Recuérdese a este efecto que Onetti, entre 1930 y 1934, escribió crónicas de cine en la columna periodística que mantenía Conrado Naié Roxlo en «*Crítica*» (Ver prólogo de J. Ruffinelli, p. XVI).

«El bobo de Buenos Aires» de Macedonio Fernández: texto y contexto

FLORA H. SCHMINOVICH

«El bobo de Buenos Aires» forma parte de la obra *Papeles de recienvenido.*[1] En la introducción, titulada «El bobo», se presenta a este personaje, primero en forma indirecta, justificando la necesidad de su existencia. Luego «el bobo» asume la narración por medio de la primera persona y más adelante, ya después de la introducción, este personaje aparece firmando una serie de cartas dirigidas al «Director del difundido diario.»

En la primera parte se incluyen tres cartas, en las que se advierte un derroche de trivialidad trascendental, sintetizado en la «cachada porteña». A continuación, la parte titulada «El bobo inteligente,» nos revela ahora a ese personaje asumiendo una actitud más seria, la de pensador. Su preocupación es, por cierto, un tema sumamente actua!: la humanidad se encuentra en un callejón sin salida ante el presente y desenfrenado desarrollo tecnológico. La salvación residiría en un retorno a la muy idílica y romántica Edad de Oro. Siguiendo en ese tono que linda entre lo serio y lo trascendental, continúa otra carta en la que el autor indaga en la naturaleza del chiste, seguida por algunas clasificaciones (o clarificaciones) de algunas categorías de la realidad. Después de este breve ejercicio ontológico, concluye con la breve composición «Unica elegía del bobo de Buenos Aires» y otra aún más corta, una epístola que parece ser una orgía de desintegración en lo vacío y lo hueco.

Si pretendemos ahora contemplar este esquema y extraer los rasgos generales, la línea profunda de la obra, encontramos que las direcciones de este amontonamiento sin sentido aparente, se confunden y desaparecen en una masa informe y desconcertante.

Aún con la clarividencia *a posteriori* que da medio siglo de literatura hecha de enfrentamiento al lenguaje, a las estructuras, al escarnio de las normas preceptivas, de ataque a la ingenuidad realista, nos encontramos, al pretender analizar la obra, con la situación paradojal de un texto que sin ser totalmente incongruente, parece eludir el análisis en todos los niveles: dentro de cada uno de los capítulos, partes, párrafos, frases; si bien no en todos ellos, al menos en su mayoría.

Analizar el texto sería quizás desoír las advertencias del propio Macedonio y proceder como esos «Gramáticos -a quienes los pueblos dieron idioma y una sintaxis hecha que está más cerca de la buena que la gramatical de la perfecta...» (*PR,* p. 145) o como esos «prósperos de la nada, accidentadores de Beldad, que corren adonde alguien ya parece que va a acertar belleza y dispensan la meditación, la creación para salvar una *b* o una *v,* una sonoridad escasa, una repetición de palabras, un casticismo dudoso» (*PR,* p. 145).

Nuestra natural irritación de lectores desconcertados -aunque mitigada por el peculiar humorismo de estas páginas- busca refugio en el atenuante que precede a la segunda parte de este libro, en el que el autor nos advierte (¿podemos confiar en él?) cuál es la intención de la obra:

> Todo sobre, e incluida, la Nada; solo de la Nada pero no toda;
> de la nada hay más; algunos de sus contornos, pues son muchos.
> (*PR,* p. 112)

MACEDONIO FERNANDEZ ¿CREADOR DE LA NADA?

Macedonio nos dice en el prólogo de «Continuación de la Nada»: Una reflexión que se me ocurrió con el retardo usual en los temperamentos activísimos que se alaban en todas las biografías, es la de que el inverificable lector de «Papeles de Recienvenido» quizá no se decidió a creer hasta hoy que ese libro era el principio de la Nada.» (*PR,* p. 112) Volvemos a preguntarnos: ¿podemos creerle al autor o nos encontramos ante eso que -usando un término bien porteño-podríamos definir como una increíble «cachada»? En efecto, también nos dice Macedonio:

> Viniendo a mi libro, querido lector, espero que reconoceréis que también es de los que tienen el mérito de llenar un vacío con otro, como todos los libros. Viene a colmar ese gran vacío que han cubierto todas las solemnidades escritas, habladas, versificadas, desde miles de años, tanto vacío que no se entiende cómo ha podido caber en el mundo. Con la diferencia de que el vacío que llena con

otro mi libro es su verdadero asunto (*PR,* p. 113).

La idea de que Macedonio es el escritor de la «nada», si bien una nada muy particular, materializada y plena de vigencia, ha sido destacada por diversos críticos. Quizás la mejor expresión de esta idea la encontramos en Ana María Barrenechea cuando nos dice que *Papeles de Recienvenido* «movilizan la nada contra la materia, crean una nada más real y más concreta que ella, con leyes propias y con capacidad de ocupar espacio, de desenvolverse con el tiempo, de regirse por encadenamientos de causas y efectos, una nada que se puede pesar, medir, gustar, palpar, y que de rechazo hace tambalearse la realidad del mundo externo.»[2]

Sin embargo, a pesar del ingenio de Macedonio, la nada ontológica permanece vacía y desprovista de contenido y realidad. Quizás su único poder efectivo sobre el mundo de la existencia resida en su fuerza de arrojarnos dentro de un vértigo de angustia, desesperación o desesperanza. No estamos aquí en presencia de la nada metafísica, ni tampoco se trata de la angustia existencial que proyectan las obras de Sartre o de Beckett. No podemos confundir la mera «nada», con una sucesión de negaciones, algo muy distinto en sí. Macedonio es un maestro del juego, capaz de producir una sucesión de negaciones que se reflejan unas en otras, subordinándose e interactuando en un verdadero rompecabezas lógico. El carácter casi matemático de este juego ha sido ya notado también por Barrenechea.[3] Cabría preguntarse ahora si Macedonio es el escritor de la «negación.» Esto también nos llevaría a confusiones, ya que la filosofía personal de Macedonio, basada en un idealismo absoluto[4] está muy lejos del nihilismo destructivo de otros escritores de vanguardia.

Quizás sea un error tratar de buscar un significado en esta obra de Macedonio. Una posibilidad es verla como la paradojal expresión del vacío literario, que para poder llegar a expresarse, debe presentarle por fuerza al lector algo más que una mera página vacía. (Sin embargo, John Cage ha expresado el vacío musical como un simple acto de abrir y cerrar el piano, sin música audible para consuelo o alivio del oyente).

Nosotros preferimos concentrarnos en dos aspectos de la obra de Macedonio: un vehículo y una actitud. En vez de adjudicarle a su supuesto contenido el negativismo concomitante con la nada, preferimos relacionarlo con el lenguaje particular que creó Macedonio, vehículo que da un carácter inconfundible a su obra. Además, relacionaremos este lenguaje particular con una actitud básica que permea esa obra, la cual ha sido muchas veces categorizada como humorística o fantástica, pero que nosotros preferimos asociar con la «cachada porteña.»

MACEDONIO Y LA «CACHADA»

La «cachada» es un término o concepto netamente porteño, es decir, característico de Buenos Aires. Aunque todo porteño sabe qué es lo que se entiende en Buenos Aires por ese término, el análisis preciso de la «cachada» resulta bastante difícil. Podemos asociarla con el «choteo» cubano. Según Jorge Mañach, si se le pregunta a un cubano medio qué es lo que entiende por «choteo» responderá: «no tomar nada en serio.»[5]

Macedonio nos da una clave en un pasaje de *PR* titulado «La conferenciabilidad y la cachada.» Presenta la «cachada» como un estado, una manera de ser que los argentinos tienen en gracia, pero no nos da una definición directa de este estado o virtud. La define en forma indirecta, como el contrario de la conferenciabilidad que, al igual que la risa, es un atributo exclusivamente humano: «En Biología con el Hombre aparece la conferenciabilidad, vale decir, la boquiabriencia audiente... esta conexión o conectación duradera, resistente, del abrir la boca y el escuchar» (*PR*, p. 294).

Hay en la «cachada» un componente de burla y otro de seriedad y según Macedonio «la profundidad genuina del cachar» es la que lleva en sí « la seriedad auténtica» (*PR,* p. 295).

Tratando de buscar una filiación para esta actitud mental encontramos semejanzas con la del movimiento dadaísta. La tensión singular que se encuentra en la cachada, así como en las burlas dadaístas, está en la polaridad peculiar entre el chiste y lo serio.[6] Podríamos decir de estas páginas de Macedonio que analizamos en nuestro trabajo, lo mismo que se ha dicho del dadaísmo:

> The very thought of approaching Dada in a spirit of seriousness must at first glance seem paradoxical. We find ourselves wondering if the final temptation -a supreme Dada joke- Dadaism has left behind it is not that, almost fifty years after Dada became a reality, we should still be trying to define its scope and assess its meaning.[7]

Pero mientras que en Dada esta actitud está originada por un deseo de rebelión y libertad que conducen a la violencia iconoclasta, la «cachada» porteña está más bien ligada a una actitud defensiva, o a una imposibilidad de conocimiento real o asimilación, y quizás a una manera de dejar resbalar lo serio sobre la coraza de lo chistoso, a veces llevada a lo obsesivo. Esta actitud está también unida al papel que Buenos Aires ha tenido en la europeización de América. Es una manera, un estado psicológico por el cual se preserva una cierta superioridad interior ante lo que se supone o se teme superior, o ante los aceptados valores importados. Se trata de un estado mental que, mezclado con una magnánima incredulidad o una reverente falta de seriedad, sólo expresa la inherente superioridad y -en última instancia- la más genuina o profunda comprensión del nativo ante el estereotipo o lo aceptado. Nos dice Macedonio:

> Se va a París, se va al Colón, se va a la conferencia para sonreír de los que creen que se va a admirarlos. Sin reyes de escenarios, sin tenores que trepan escalas de seda, sin terminaciones interminables de óperas de Verdi y sin conferencistas recién desembarcados y todosabientes de nuestro país, la cachada podría extinguirse o enrarecerse por falta de grandes ocasiones payasescas (*PR*, p. 295).

MACEDONIO, CREADOR DE UN LENGUAJE ORIGINAL

Macedonio ha creado una forma de expresión particular, la cual se puede apreciar en casi toda su obra, pero que se da en forma exhuberante, a veces lindando en lo obsesivo, en *PR* y en especial en los pasajes dedicados al «Bobo de Buenos Aires.» Se trata de un juego lógico en el mundo de lo complementario,[8] usando el artificio de infundirle al complemento de un objeto una vida o una existencia igual a la que normalmente se le atribuiría al objeto mismo. Nótese que el objeto es, a su vez, el complemento de lo complementario, es decir, aquello que al comenzar sirve para definir el complemento.

Una lista de ejemplos la encontramos en «El Bobo» bajo el título de «no-en-seguida-chiste,» entre los que está el ya clásico: «Fueron tantos los que faltaron que si falta uno más no cabe.» La técnica es evidente, se reemplaza en este caso al «presente» por su complemento lógico, el «faltante.» El resultado inesperado, paradójico -y que dentro de la teoría humorística del mismo Macedonio se clasificaría como chiste conceptual-[9] se obtiene al preservar todas las restantes relaciones lógicas. En esa misma lista, tenemos el otro recurso similar, el de invertir las relaciones, preservando los objetos: «Al ladrón bajo la cama: ¡Pero hombre! ¡Se ha puesto usted la cama del revés!» (*PR*, p. 153).

Es como si se nos presentara en lugar de la realidad cotidiana un negativo de la misma, no sólo de sus elementos pictóricos o realistas, sino también de sus elementos lógicos y conceptuales. Si la comparamos con una situación dinámica, podríamos decir que es una toma cinematográfica invertida con todas las relaciones causales alteradas. Excepto que eso que sería una técnica surrealista, revelándonos una realidad subyacente a la realidad del positivo, se convierte en manos de Macedonio en una técnica humorística, mediante el recurso de invertir sólo una parte de los elementos, preservando otros en sus relaciones, apariencias o propiedades normales.

Así, dentro de la enumeración de los «no-en-seguida-chistes» que nos ocupa, tenemos la explotación de una de las propiedades matemáticas de lo complementario: las cantidades negativas crecen al disminuir en valor absoluto y viceversa: «Era tan feo, que aún los hombres más feos que él no lo eran tanto,» o una variante de este recurso, que combinada con la posibilidad de admitir que la negación del complemento puede no existir - imposibilidad lógica- llevan a «Era tan obstinado y de mal gusto que hasta un instante antes de morir, vivía.»

La modalidad de este lenguaje original[10] no solamente está en consonancia con el humor o estética particulares del autor sino que se relaciona también con su metafísica y epistemología peculiar, expuesta en *No toda es vigilia* y otros trabajos filosóficos. Una versión poco seria y con un definido aire de «cachada» nos la da Macedonio en «El bobo inteligente» y un análisis del mismo servirá para nuestro propósito.

Se trata de una clasificación de la realidad, en la que se distinguen al menos seis géneros o categorías; cuatro de ellos son indudablemente órdenes ontológicos, diversos niveles de existencia; otros dos se refieren más pronunciadamente a formas de aprehender la realidad, aunque en la filosofía idealista de Macedonio, los límites entre ontología y epistemología no están bien delineados.

Tomando las categorías en un orden distinto al usado por Macedonio, comenzaremos con lo que él denomina «su quinta especie inclasificada» pues es de interpretación más segura y precisa; es el caso de la cosa que «no-es.» La explicación de este caso concuerda con lo que previamente hemos llamado la lógica de lo complementario: «toda cosa carece de todas las cosas que no son ella», (*PR,* p. 155) o, en otras palabras, es más fácil aprehender la existencia del complemento que de la cosa misma, ya que -en la lógica macedoniana- hay tantas cosas que no son la cosa misma. Ejemplos notables de esta categoría son los objetos que en su nombre mismo encierra lo que no son, como «el ámbar o la perla» que casi nunca son ni ámbar ni perla por estar falsificados.

Una segunda categoría (la especie C) es la de las cosas que se suponen no tener lo que deber ser: el café sin cafeína, las papas fritas de nabo, etc. La tercera categoría será en cambio la de los objetos que por su misma naturaleza parecen llevar en sí mismos la semilla de su propio fracaso, su autonegación (el género «a-que-no»). Una lista típica sería: «los encendedores a nafta, la lapicera automática, las extracciones sin dolor, los sacamanchas, las tapas agujereadas para hervidores de leche...» (*PR*, p. 154) Aquí tenemos también algunos objetos conceptuales, o aún preceptos lógicos que llevan en sí mismos su propia contradicción, como por ejemplo: «no hay regla sin excepción» (excepto esta última).

Continuando en esta escala que nos lleva en gradaciones sucesivas desde el mundo objetivo hasta el mundo lógico y conceptual, nos encontramos con la cuarta categoría (especie D). Aquí se reunen las cosas que, a pesar de ser referidas y usadas frecuentemente en la vida diaria, no existen. Pertenecen a esa categoría:«las naranjas sin semillas, las renuncias indeclinables, las rifas no postergables, el pejerrey sin espinas, los irremplazables.» (*PR*, p. 155).

Las dos últimas categorías se refieren a juicios o claseslógicas. La quinta (especie A) se refiere a los juicios universales que todo el mundo afirma sin creer: por ejemplo, que los chinos comen nidos de golondrinas; la sexta (especie B) a los juicios cuya veracidad no está demostrada, aunque la verificación sería tan sencilla que cualquiera podría realizarla, por ejemplo: «si el whisky es de alpiste, si el chuño es de maíz, de patata, de mandioca o de algún producto peruano, etc.» (*PR*, p. 154).

Vemos, pues, que en Macedonio se encuentra la explotación -que a veces linda en lo obsesivo- de una técnica: la de ver el objeto en lo que no es, es decir, en lo complementario. Este proceso que sería completamente aceptable si fuese llevado a sus más extremas consecuencias lógicas, ya que todo objeto está definido evidentemente por no ser todo lo que no es, se convierte en una herramienta de lo humorístico y lo paradojal cuando se lo lleva a medio camino. También se convierte en sátira de nuestra sociedad, al mostrarse, como en el caso de las últimas categorías enumeradas más arriba, en la plétora de objetos y conceptos que manejamos a diario, y que son vacíos en el sentido de ser solamente el conjunto de lo que no son.

MACEDONIO Y LA NADA LITERARIA

Una consecuencia de la lógica complementaria de Macedonio

sería mostrar lo que la obra literaria *es* por medio de la escritura de su negación, es decir, todo lo que la obra literaria *no es*, o, dicho de otro modo, definir la literatura por su ausencia, la nada literaria. En cierta forma esta postura estética recordará obras como la de John Cage en música, o la de Reinhardt en pintura, excepto que estos artistas ven sus intentos como el ideal que se quiere alcanzar, mientras que Macedonio los tendrá como la descripción de lo que no es la literatura, como lo no literario. Hay también puntos de contacto con el dadaísmo, excepto que en lugar del nihilismo destructivo de este movimiento, Macedonio construye positivamente, acumulando la negación de negativos.

En un pasaje de *PR* Macedonio expresa el sentido que tiene para él la nada literaria:

> Un presentimiento de este arte noble de la nada por la palabra hay ya en todas las obras inconclusas...que tocan a lo artístico, precisamente en lo que les falta, que son como especies de comienzos del no empezar, de llegar por lo menos a lo de entrada inacabable, o sea al noble cultivo de la nada (*PR,* p. 112).

Podemos considerar esta actitud estética consistente con los requisitos del humorismo que Macedonio ha querido vertir en «Del bobo de Buenos Aires,» dentro del contexto de la «cachada» porteña. Pero dudamos que los elementos negativos que le hemos asignado a la «cachada» entre otros, -una incapacidad de compremeterse seriamente- sean los que han influido en la composición del texto. En «Leccioncita de Psicoestética» el autor propone un ideal literario: «el Chiste sin contexto, la Metáfora sin contexto, la frase de la Pasión sin contexto» (*PR,* p. 138).

El humorismo de la obra analizada no se deriva de la situación o el referente externo, el chiste es un chiste sin contexto; responde a lo que Macedonio ha definido como «humorismo conceptual.»[11] En la mayoría de los casos proviene de lo que hemos denominado la lógica de lo complementario la cual estructura esta obra y da un carácter particular al lenguaje de Macedonio Fernández.

NOTAS

1. Macedonio Fernández, «Del bobo de Buenos Aires,» en *Papeles de Recienvenido,*

Poemas, Relatos, Cuentos, Miscelánea, Buenos Aires, Centro Editor de América Latina, 1966, pp. 145-156.   En adelante utilizaremos la abreviatura *PR* para referirnos a la publicación citada.

2.   Ana María Barrenecha, «La creación de la nada en el humorismo de Macedonio Fernández,» en *La literatura fantástica en Argentina* (en colaboración con Emma S. Speratti Piñero), México, Imprenta Universitaria, 1957, p. 40.

3.   Nos dice Barrenechea: «Macedonio Fernández...trabaja sistemáticamente *f*las múltiples posibilidades de la nada*f* con un rigor lógico y una consecuencia que las lleva al absurdo... entra por una parte en plena matemática, elevando a potencias cantidades negativas y por otra apunta burlonamente a un aspecto de nuestra realidad nacional.» En «La creación de la nada..,» pp. 40-41.

4.   Las ideas filosóficas de Macedonio están expuestas en diversos ensayos publicados en el volumen *No toda es vigilia la de los ojos abiertos y otros escritos.*   Pról. Adolfo de Obieta, Buenos Aires, Centro Editor de América Latina, 1967.   Para un estudio comprehensivo de la filosofía idealista del autor véase el Capítulo II del libro de Jo Ann Engelbert, *Macedonio Fٍrnández and the Spanish American New Novel,* New York, New York University Press, 1978, pp. 61-95.   El capítulo se titula:«A Combative Idealism.»

5.   Jorge Mañach, *Indagación del choteo,* Florida, Mnemosyne Publishing Co., 1969, p. 18.   El crítico Luis Alberto Sánchez confirma esta idea cuando nos dice: «La cachada argentina,' o, mejor porteña, es algo muy parecido al choteo cubano.   Léase ese ensayo de Jorge Mañach, *Indagación del choteo* (1928), y se tendrá una aproximación de la cachada, distinta a la broma hispánica, a la talla chilena, y a la broma de cualquier parte.   La cachada es una superación de la realidad, con un poco de humor negro, aunque nunca personal,» en «Macedonio Fernández,» *Inti,* Nos. 5-6 (Primavera-Otoño 1977), p. 8.

6.   «...one of the primary elements of the Dada joke, like its parallel, the surrealist game, is its seriousness; its particular type of humor lies precisely there.»   Mary Ann Caws, *The Poetry of Dada and Surrealism,* Princeton, Princeton University Press, 1970, p. 97.

7.   J. H. Matthews, *An Introduction to Surrealism,* University Park, Pennsylvania State University Press, 1965), p. 15.

8.   En teoría de conjuntos, considerando dos conjuntos A y U tal que todo elemento de A pertence a U (el conjunto universal), se llama «complemento de A» relativo al conjunto universal U, al conjunto A de elementos que pertenecen a U y no a A.   Para una explicación más detallada véase el estudio de Charles David Miller, *Mathematical Ideas,* London, Scott, Foresman & Co., 1973, p. 50.

9.   Macedonio explica el funcionamiento del chiste conceptual en su ensayo «Para una teoría de la Humorística,» nos dice que: «se crea en la conciencia del lector la expectativa de un dato fuerte ('Fueron tantos los que faltaban que si falta uno más') y se prorrumpe un asurdo ('no cabe')...Lo chistoso deriva de que ha habido una preparación para que todos caigan en un asentimiento momentáneo al absurdo.»   En

Teorías, Buenos Aires, Corregidor, 1974, p. 298.

10. La repercusión de esta modalidad del plano lógico al sintáctico ha sido ya notada por Naomi Lindstrom: «The illogic of Macedonio's statements may blind us to a second, more subtle departure from logic at the syntactic level: 'So many people were absent that if one more comes there won't be room for him' shifts inexplicably from past to present verb forms. The same maneuver appears in Macedonio's words to Jorge Luis Borges; 'I was on my way over and halfway there I remember I'd left myself home.' The reader feels something had changed between clauses, but he has missed it. He begins to feel suspicious toward language; Derrida would say, he begins to be wise to language's tricks,» en «Macedonio Fernández and Jacques Derrida: Co-Visionaries,» *Review,* Nos. 21-22 (1977), 153.

11. Nos dice Macedonio: «En el humorismo realista hay un suceso real cómico, que no radica sólo en el enunciado redactorial; en el conceptual, la comicidad reside en la expectativa defraudada y en un aserto, primando definitivamente, de un imposible intelectivo.» *Teorías,* p. 297.

Desarraigo contemporáneo en la narrativa de Germán Rozenmacher

NORA GLICKMAN

> ¿Qué quiere que le diga? Como diría el marqués de Bradomín, soy
> feo, judío, rante y sentimental.   Nací en el hospital Rivadavia --en el
> 36-- y mi cuna, literalmente, fue un conventillo, pero eso sí, en una
> sala grande de una casa de la calle Larrea.   De mi padre, que canta y
> que alguna vez fue actor y anduvo en gira por las colonias de Entre
> Ríos, o por Santa Fe y otras partes, me viene la vocación que pueda
> tener, el ser artista.[1]

Desde el principio, el auto-retrato que se hace Germán Rozenmacher pone énfasis en su origen judío, porteño y pobre, y en su
vocación artística por herencia paterna.   Estos datos son de suma importancia para el mejor entendimiento de su obra, ya que el escritor
unas veces conciente, otras inadvertidamente, plantea una serie de
conflictos que derivan de su doble identidad de judío y argentino.

Los cuentos de Rozenmacher hacen constante referencia a las
dificultades de comunicación que acosan al hombre
contemporáneo. Más que diálogos, sus personajes mantienen
monólogos paralelos. Las voces impersonales dominan sobre las
charlas íntimas: El campaneo persistente de la i-
glesia, y el sonido ametrallante de los autoparlantes rigen la vida de un
pueblo («Raíces»)[2]. Las radionovelas y las propagandas comerciales
transmiten mensajes engañosos que no consiguen aliviar el sentido de
desamparo imperante. Las tensiones sociales y raciales --entre judíos
y «goim», entre burgueses y «cabecitas negras», entre porteños y
«payucas», entre blancos y «cholos»--se agudizan mediante un
lenguaje que refuerza los prejuicios que cada grupo tiene sobre el otro.

El fracaso de estas tentativas de establecer un contacto verbal
resulta más trágico y violento cuanto más íntimas son las relaciones
que se establecen: los choques generacionales, entre padres e hijos
adolescentes, son los más frecuentes.

El problema que confronta el propio escritor al tratar de

demostrar a su público no judío cómo habla y cómo siente un inmigrante judío en la Argentina, se expresa en una serie de anomalías que derivan de sus traducciones literales del idish. Para citar sólo algunas, «pedazo de caballo» («shtik ferd» en idish) es un insulto que en español suena más cómico y ligero que abusivo: el diminutivo «hermanitos», («briderlej») además de expresar ternura, en *idish* connota el sentimiento de solidaridad entre los hombres. La expresión «un alma callada», aunque transmite un aura de misterio y poesía, pierde su fuerza onomatopéyica en la traducción, mientras que «a shtile neshome» (que el autor no incluye), mediante la repetición del sonido «sh» acierta en provocar el silencio indicado.

Rozenmacher provee en sus cuentos una forma de evasión que permite que sus personajes trasciendan las dificultades de la vida cotidiana. La música es el vehículo más efectivo, ya que les sirve para desembarazarse, aunque sea por momentos, de su soledad existencial. Cuando la comunicación verbal fracasa, cuando los diálogos acaban en confusión y cacofonía, la música interviene como alivio liberador.

La alternativa a esta evasión --el confrontamiento con la vida real, con las raíces y con el destino de cada uno-- resulta difícil y casi imposible, ya que los personajes que Rozenmacher crea, tienen dificultad en aceptarse, en verse a sí mismos.

La música permea especialmente los cuentos de temática judía. En el drama *Réquiem para un viernes a la noche*[3] el ritual y la liturgia sinagogal actúan como metáfora central. En «El gato dorado»[4] las melodías en idish que interpretan los viejos judíos en una mísera pieza de hotel, están impregnadas de nostalgia y añoranza por los tiempos pasados, por el «alter heim» (el viejo hogar), y por la juventud perdida:

> Y el artista sabía que allí, por todo ese nevado país, miles y miles de judíos lo esperaban siempre y cuando estaba con ellos sentía que algo los fundía a todos, una honda alegría indestructible que florecía sobre el velado tono menor y atribulado de su música, una alegría en la que ellos lo necesitaban a él porque era la voz de todos; él que era apenas un artista niño, un rey harapiento; él, que era el corazón del mundo (p. 26).

Negando toda alusión a la opresión y a los horrores del pogrón, los viejos canturrean melodías de antaño que glorifican el amor por el estudio del Talmud, la armonía y la paz de esa vida pasada. En la canción «en el honrillo arde un fuego pequeñito», «y en la casa se está bien, y el rabino enseña a los niños a leer el Alef Beis» (p. 28), se advierte la nota agridulce en el empeño de los dos hombres por revivir una tradición que se acaba, en un idioma -el idish- que también va desapareciendo. Asimismo, en «Blues en la noche»[5] el viejo judío escoge canciones simples que explotan un sentimentalismo superficial, y se deleita en imitar las interpretaciones de cantantes judíos norteamericanos, como Aarón Lebedeff, Al Jolson y Molly Picon -- «a idishe mame», o «abi gezunt zol men gliklaj zain» (basta la salud para ser feliz).

Mientras que esas canciones en idish transportan a estos enajenados a un pasado ya perdido, la ópera es otro vehículo que recrea pasiones y conflictos en los que los personajes de Rozenmacher proyectan sus fantasías, dando así un escape a su sensación de abandono. Su consuelo en el presente queda relegado a las transmisiones operáticas que oyen por radio --las del Teatro Colón-- o a grabarse discos para el placer de sus propios oídos.

En el caso de Goloboff («Blues...»), su entrada al coro de la ópera de Moscú requiere el cambio de su nombre judío por otro ruso. Pero su carrera pronto se acaba. Con la caída del Zar, y con la inseguridad que siente bajo el totalitarismo comunista, Goloboff emigra a la Argentina trayendo consigo, además de sus memorias, la adulación frenética por el cantante ruso Chaliapin:

> El, Chaliapin, me sirvió con sus manos, con sus propias manos un vaso de té.. Yo todavía cantaba en el coro, no era todavía tan importante como lo fui después...y sentí que eso valía para toda la vida; aunque no me pasara ninguna otra cosa eso era suficiente para llenar de felicidad el destino de un hombre...» (p. 89).

En Argentina Goloboff vuelve a tomar su identidad judía «quizás,» se nos sugiere, «porque necesitaba ganarse la vida, o porque se dio cuenta que era inútil fingirse distinto, o porque se sentía terriblemente solo.» (p. 86) Es paradójico que para no «fingirse distinto» Goloboff aceptara su judaísmo, ya que ser judío, como Goloboff lo es en Argentina, es ser distinto: es vivir completamente desarraigado del idioma, de las costumbres y de la gente que lo rodea: «Con esos goim mejor no tener tratos» declara Goloboff (p. 107). Al cortar con el mundo exterior, Goloboff se refugia en sus fantasías de grandeza pasada. Pero cuando en una ocasión se ve provisto de un admirador, se aferra de él desesperadamente, con la esperanza de rehacer su pasado. El viejo artista se maquilla patéticamente sobre sus arrugas, e interpreta «un potpurri alucinado», arrastrando al muchacho estupefacto a participar a la par de él.   Su repertorio incluye «no hay negocio como la revista musical»; la sentimentaloide canción italiana «Catarí» y el último aria de «I Pagliaci»: entre notas desafinadas y falsetes, el artista prepara cuidadosamente el piso donde se dejará caer al cantar: «Io sono morto».   Pero al mismo tiempo, presiente que está ejecutando «el último show de su vida».   En medio de su delirio, propone al joven Bernardo que hagan juntos una gira musical.   Pero para Bernardo el juego ingenuo del comienzo se torna en pesadilla, y sin saber cómo responder, huye despavorido, mientras que el viejo, se queda más solo que nunca, suplicándole «Hot rajmones», (tenga piedad de mí).   De este modo el autor deja caer el telón.

Quizás la vocación por lo artístico, a la que alude en su autobiografía es lo que lleva a Rozenmacher a terminar el cuento en forma operática, melodramática.   Sin embargo, lejos de ser un pobre payaso, Goloboff expresa más angustiosamente que ningún otro personaje, el sentimiento de abandono, y de impotencia, que el autor intenta expresar.

Bernardo, casi un chico, se identifica con el desamparo absoluto del viejo artista, pero su propia fantasía lo conduce a otro tipo de música --a los blues, a los «negro spirituals» a las miserias de otros desarraigados.   El trombón en el que toca unas notas sordas y desafinadas lo transporta, y Bernardo siente como si él mismo fuera el esclavo que «bajara por el Mississipi, y fuera negro, y viviera en el año 80 y se hundiera en el propio río de su sangre, y aullara con todo el cuerpo.» (p. 88)

Si bien la ópera o los blues ofrecen la posibilidad de evasión mediante la música compuesta e interpretada por otros, la ilusión de componer, la potencia de crear que el artista guarda --o cree guardar-- en su seno, es un don capaz de hacerle sobrellevar los golpes más duros.   El protagonista de «El gato dorado», el llamado condescendientemente «maestro» por otros músicos fracasados como él, busca negar su miseria cotidiana, soñándose otra realidad más auténtica, a través del poder mágico de su gato--su «katz», o «ketzele».[6]

La presencia del gato parece dar al maestro una última esperanza de inmortalidad.   Pero al mismo tiempo el gato es un fantasma, un espíritu errante en busca de un cuerpo, casi un «Dibuk»[7] que toma posesión del maestro y explota «su inexorable condena de crear» (p. 32) hasta que lo agota.   Por momentos el maestro cree recobrar su juventud de músico ambulante por las llanuras nevadas de Rusia, cuando él y otros dos «klezmer» (músicos) se movían «libres como pájaros, creando mundos inapresables, melodías como humo, más antiguas que sus propias memorias» (p. 26).

Las imágenes de libertad y de evanescencia que evoca ese recuerdo contrastan con la extrema opresión del presente: encerrado en un sótano humoso (de cigarrillos), el artista toca notas discordes para gente extraña; enjaulado en su cuartito de hotel, comparte recuerdos del pasado con el sastre, otro transterrado como él; ligado a su mujer por costumbre y por idioma, el amor amargado que ella le brinda no lo conmueve, ya que él «había dejado de escucharla hacía mucho» (p. 25).

Pese a su calidad inapresable, la melodía ansiada, la que el gato le enseñaría con su Miau portentoso, llega a trastornar al artista de tal modo que solo vive para «hacerla suya, hacerse ella». Cuando finalmente cree oirla y cree empezar a volar, la muerte horripilante del gato --aplastado por un tranvía pasajero-- rompe el ensueño con una brusquedad despiadada.

En su análisis sobre la obra de Rozenmacher, Saúl Sosnowski conjetura sobre el significado de este cuento,[8] y sobre la actitud del artista, que al final deja su cuarto llevando consigo sus partituras musicales. Sosnowski se pregunta si es

> ¿Retorno brusco a lo inmediato? ¿Renovación? ¿Reiteración, de la búsqueda? El acto del maestro es ambiguo: las partituras pueden significar la continuación de su propia búsqueda de esa música que acallara las otras voces que lo apabullaban; también puede ser la marca de un fracaso reiterado y el retorno al sótano para acompañar a futuros fracasados (p. 106).

A mi juicio, el fin del gato tiene un sentido más ominoso: es un anuncio de la próxima muerte del artista (así como el aria «Io sono morto» prepara el último acto de Goloboff). Los pasajes que anteceden la tragedia están impregnados de alusiones a la muerte: el maestro va a irse «muy lejos, hacia un lugar profundo y sin fin»; sabe que después va a «cerrar para siempre su piano amarillento y no tocar sus teclas nunca más»; la canción «sonaba a réquiem» o a «elegía». La música que el gato le inspira tiene un poder mesmerizante que conduce al artista --como el flautista a los niños de Hamelín-- al centro de la montaña, que se abre y luego se vuelve a cerrar para siempre.

Si el maestro encuentra su objeto deseado es porque su desarraigo es tan profundo que provoca un rompimiento radical con la realidad. Rozenmacher sugiere a través de sus cuentos, que el grado de evasión de cada individuo depende de su medida de adaptación al medio en que vive. En «Raíces» Rozenmacher presenta a Manuel, un joven que (como el artista) vive obsesionado por expresar su música, y siente que la tiene al alcance de la mano.[9]

Y sin embargo, allí está la música, le había dicho Manuel. La música ignorada que yo tengo que despertar y descubrir, el hondo silencio desapercibido de la gran noche americana. Un silencio postergado y presagiante que está vivo en las zambas de los borrachos y espera que alguien lo tome y lo descubra. (p. 72)

Pese a su inmenso deseo de componer, Manuel reconoce sus limitaciones y busca justificativos que le permitan continuar viviendo en su pueblo y continuar tocando Bach «entre las gallinas de Tartagal». Su amigo Luis (el protagonista del cuento) presenta una filosofía mucho más pragmática que la de Manuel. Luis mantiene que la creación se debe expresar en hechos concretos, y no en la mera edificación espiritual; caer en la trampa intelectual es para Luis, sinónimo de barbarie. Su opinión sobre la música--así como sobre las mujeres-- es concreta, cerrada, inflexible:

«No entiendo esa música», pensó Luis mirando los pechos de las mujeres. «Quizá porque no tengo fe, o porque siempre estoy esperando que me traicionen, o porque no tengo esa amorosa paciencia necesaria para comprender y solo puedo ver partes del cuerpo de las mujeres y solo partes de la música, las sonoridades más exteriores» (p. 70).

Luis es atípico en esta galería de desarraigados que se refugian en la música para no hacer frente a la vida. El Sr. Lanari es el único otro personaje cuya filosofía coincide con la de Luis.[10] Lanari rechaza deliberadamente su vocación artística en favor de la seguridad material. Sin embargo, recuerda que de joven se deleitaba tocando el violín: «Pero vio por delante un porvenir dudoso y sombrío y lleno de humillaciones y tuvo miedo.» (p. 40). Su éxito personal lo convence que hay un solo camino que seguir para no fracasar, y que ése es «el camino recto».

Cabe preguntarse si las alternativas que Luis y Lanari encuentran son una indicación de su grado de afianzamiento al medio circundante. Mientras que la mayoría de los personajes de Rozenmacher se cobija en la música, cubriendo así una serie de fracasos, Luis y Lanari se aperciben que el vuelo espiritual que la música brinda choca con los rigores del mundo práctico, al cual ambos se suscriben.

En «Raíces», Luis decide rehacer su vida para triunfar: cortar con el pueblo estéril, y «echar raíces nuevas» mediante su unión formal con su amante Juana, y la aceptación del hijo que ella le dió. De manera que no es en la música, ni en los negocios, ni en los estudios que Luis se sumerge, sino en el Amor y en el orgullo de saberse padre y marido. Su resolución, aunque sincera, parece demasiado impetuosa, demasiado simple para resultar convincente. A lo largo del cuento, Luis hace un análisis introspectivo de su situación frente a sus padres, sus amigos, y su pueblo. Luis se revela como un adolescente confundido, prejuicioso, oportunista y carente de principios. La metáfora de Tartagal, como pueblo sin raíces, pero desesperado por manufacturarse un pasado romántico y patriótico, permea a lo largo del cuento, salpicándolo de un humor suave, que es típico de este escritor:

> ...y se traerían un coya muy decorativo y recién bañado que tocara la quena, y después ellos, la gente civilizada, sacarían los pañuelos y se bailarían una zamba y se aplaudirían a sí mismos y vendrían los camarógrafos y los filmarían y después pasarían eso por los cines de todo el país y dirían que eso era el norte (p. 64).

Opino que la huida literal de Luis responde a su necesidad inevitable de alterar el presente. En ese sentido, es un escape de la realidad. Rozenmacher sugiere aquí, como en su drama *Réquiem,* que el destino de un hombre se determina tanto en base a su presente, como a su pasado--a sus raíces--por más nuevas y llanas que éstas sean.[11]

El Señor Lanari («Cabecita negra») también carece de raíces sólidas en las que apoyarse. Rozenmacher no hace mención de su pasado, salvo que Lanari es hijo de inmigrantes pobres. En un estudio sobre Arthur Miller, Joel Shatzky observa que el dramaturgo se basó en un modelo judío para crear el personaje central de *La muerte de un viajante;* Shatzky agrega: «Miller deliberately transformed him into the non-descript Everyman who critics have regarded (...) as a symbol of the non-ethnic, lower middle class American».[12] De la misma manera que Miller, es posible que Rozenmacher proyectara la experiencia del desarraigo judío a la del hombre medio típico, sin ataduras étnicas.

La seguridad que Lanari cree haber conseguido se basa en su éxito en el mundo burgués: tiene su buena familia, su casa, su auto, su negocio, y hasta sabe que «su hijo se recibiría de abogado y se casaría con una chica distinguida» (p. 40). Tales aspiraciones coinciden con las de los padres de Luis, también exponentes de la clase media aburguesada, quienes insisten en garantizar el éxito material y profesional de su hijo, colgando «la chapa en la puerta de la casa.» El modelo en que el autor se funda está probablemente relacionado con su observación directa de la burguesía judía en Argentina. Las flaquezas de Lanari están agudizadas por los inmensos esfuerzos que deben hacer para elevarse en la escala social. Estos dejan sus rastros en una filosofía rígida y defensiva:

> En este país donde uno se aprovecha de cualquier oportunidad para joder a los demás y pasarla bien a costillas ajenas había que tener mucho cuidado para conservar la dignidad. Si uno se descuidaba lo llevaban por delante, lo aplastaban como a una cucaracha (p. 40).

Dado este concepto de sí mismo como insecto heroico en lucha brava con la ciudad salvaje, el incidente extraño en que Lanari se ve envuelto viene a quebrantar su base frágil de estabilidad. Cabe agregar que «Cabecita negra», aunque escrito después de la caída de Perón, está situado contra el trasfondo de opresión de la dictadura peronista. Lanari, al verse acusado injustamente por un policía de haber violado a una mujer en la calle, invita a su casa a los dos extraños --al policía y a la mujer -- con el fin de evitar un escándalo mayor en la comisaría. Pero entonces se figura que «esa chusma», esos «cabecitas negras» se están apoderando de su hogar, que están violando el único refugio en el cual él no se veía amenazado:

> «Hay que aplastarlos, aplastarlos», dijo para tranquilizarse. «La fuerza pública» dijo, «tenemos toda la fuerza pública y el ejército,» dijo para tranquilizarse. Sintió que odiaba. Y de pronto el señor Lanari supo que desde entonces jamás estaría seguro de nada. De nada (p. 47).

La complacencia inicial de Lanari carecía, pues, de fundamento. Su dedicación ciega a los intereses materiales excluía todo contacto con la comunidad en que vivía. Su casa era una cárcel voluntaria. Habiendo desechado el confort que la música podía brindarle, Lanari acabó por enfrentarse con la medida total de su desamparo.

Los cuentos de Rozenmacher no ofrecen soluciones simples para el dilema existencial que acosa al hombre moderno. La experiencia vital del autor como judío y como hijo de inmigrantes lo hace particularmente sensible a los problemas del desarraigo. De una manera u otra sus personajes optan por evasiones en vez de confrontaciones, ya que la comunicación verbal resulta insatisfactoria. Quizás la evasión mediante la música les proporcione algún alivio en el olvido de las frustraciones cotidianas. Las otras alternativas resultan aún menos satisfactorias. El autor sabría, intuitivamente, que querer reconciliar el pasado con el presente no es una adivinanza con una solución única, sino que es una obra continua, el dilema de toda una vida.

NOTAS

1. *Antología consultada del cuento argentino,* Buenos Aires, Fabril Editora, 1971, p. 255.

2. *Cabecita negra,* Buenos Aires, Centro Editor de América Latina, 1967, pp. 48-95.

3. Buenos Aires, Editorial Escorpio, 1974 (Obra estrenada en 1974).

4. *Cabecita negra,* pp. 21-33.

5. *Cuentos Completos,* Buenos Aires, Centro Editor de América Latina, 1971.

6. En «Blues...» es significativo que Bernardo, en quien Goloboff pone todas sus esperanzas, se apellidara Katz, o sea, gato.

7. «Dybbuk»: a wandering soul believed in Jewish Folklore to enter the body of a man and control his actions until exorcized by a religious rite.» *Webster's New Collegiate Dictionary,* 1973, p. 355.

8. «Germán Rosenmacher: tradiciones, rupturas y desencuentros.» *Revista de crítica literaria latinoamericana* [Lima], N° 6 (1977), p. 106.

9. *Op. cit.,* p. 1.

10. «Cabecita negra», *Cabecita negra,* pp. 39-47.

11. En *Réquiem* Ronzenmacher plantea una situación similar: el conflicto entre un joven y sus padres, el amor de la pareja de distinto origen, la huida del hogar. El alegato que el autor hace aquí es en favor de la tradición milenaria (la judía) que lucha por no ser interrumpida aún cuando esto sea a costa del sacrificio del amor de un individuo.

12. «Arthur Miller's Jewish Salesman». Conferencia leída en N.E.M.L.A., Vermont, 1975.

Scatological Humor in a
Short Story by Fernando
Sorrentino

THOMAS C. MEEHAN

Fernando Sorrentino is a young Argentine humorist, short story writer, literary critic, and editor who was born in Buenos Aires on November 8, 1942. He earned a degree in the Teaching of Spanish, Latin, and Literature from the Escuela de Profesores Mariano Acosta, the same college attended by his more famous compatriotas, Leopoldo Marechal and Julio Cortázar. In 1968, Sorrentino won a grant from the Fondo Nacional de las Artes which enabled him to continue his artistic creation and related literary activities. At present he teaches literature in the secondary school system of the capital city of Argentina and does editorial work for the Plus Ultra Publishing Company.

To date, Sorrentino has published three volumes of original short stories: a bestiary titled *La regresión zoológica* (1969); *Imperios y servidumbres* (1972), in which appears «la pestilente historia de Antulín,» the tale which will concern us here; and *El mejor de los mundos posibles* (1976), a collection of stories satirizing various facets of contemporary human existence. Although the title of the author's most recent work of fiction includes the word «*cuentos*» (*Cuentos del mentiroso,* 1978), it is not another volume of short stories, but rather a connected and well-unified, bipartite narrative composed of a tongue-in-cheek spoof of the hackneyed clichés of American cowboy or western novels (and films) as well as humorous continuation of the fantastic oriental adventures of Aladdin and his magic lamp from the *Thousand and One Nights.*[1] As a literary critic, Sorrentino published, in 1974, a highly informative book-length series of interviews with Borges, titled *Siete conversaciones con Jorge Luis Borges,* in which he successfully draws out the author of *El aleph* and gets the latter to hold forth on a broad range of literary and intellectual topics.[2] Sorrentino is also the editor of five unique collections of Argentine and Spanish American short stories the themes of which run to full gamut, from tales of stark realism to those of grotesque humor, the absurd, and the fantastic; from lengthy to the Argentine *microcuento*.[3] The talented, young author continues to construct his imaginative world of fiction and to publish its components in well-known magazines and newspapers such as *Papeles de Son Armadans, La Nación* and *La Prensa*.[4] In addition to his earlier recognition by the Fondo Nacional de las Artes, Sorrentino's third collection of stories, *El mejor de los mundos posibles,* was rewarded, in 1976, with the Segundo Premio Municipal de Imaginación en Prosa. In June of 1978, he won first prize in the *cuento* category of a literary contest organized by the Editorial Troquel for his short story, «El nuevo juez,» one of almost five-hundred entries.

Sorrentino's short stories are characterized by the author's abiding interest in fantasy and animals as well as by his multifaceted sense of humor which manifests itself in abundant satire, exaggerated, ludicrous situations, the grotesque caricature, linguistic parody, and word play. The names of three great writers always seem to come to to mind, somehow, when one reads Fernando Sorrentino: Rabelais, Quevedo, and above all, Kafka. The first, for his broad, hyperbolic, sometimes coarse humor; the second, for his sharp, penetrating, and mordant wit; and the last for his nightmarish ambiences and creation of absurd, grotesque situations which communicate an ironical state-ment on the dehumanizing, alienating machinery of our complicated, bureaucratic world. However, there is a significant difference be-tween Kafka, whom Sorrentino greatly and openly admires,[5] and the Argentine writer. As one commentator has noted, Kafka makes of the absurd a vehicle for expressing the pity he feels for his wretched characters who are ground up and devoured by omnipotent, in-scrutable forces in a tenebrous, unequal struggle, the outcome of which is usually foreseeable. By way of contrast, in the world of Fer-nando Sorrentino, from his simple, almost trivial, realistic initial situations, the author slips, almost imperceptibly, into an absurdity freighted with irony and sly, good-natured winks of complicity cast at the reader, culminating, more often than not, in a humor of the rollicking, mirthful type.[6] In short, Sorrentino's humor, while avoiding Quevedo's embittered vision, Kafka's grim despair, and Rabelais' vulgarity, draws on all three, yet is still stamped by the ar-tist's highly personal focus and unique originality.

Although Sorrentino's book and stories are most amusing, it is interesting to observe that the author does not consider himself primarily a humorist, but rather a man who refuses to take life (or himself) too seriously. As he has stated in an interview, with his typical, self-effacing humility: «-No, no me considero un humorista.   Me considero un narrador que, *además,* tiene algún sentido del humor, y, por lo tanto, la suficiente sensatez para no suponerse un iluminado ni un enviado de los dioses ni una figura sempiternamente trágica.»[7]   However, Sorrentino does recognize the comic element in his fiction: «En cuanto al humor en mis cuentos creo que existe, eso es innegable.»[8]   In my remaining comments, I should like to examine briefly and, perforce, superficially, some of the scatological humor, probably a legacy of Quevedo and / or Rabelais, in a story by Sorrentino which I have translated into English as «The Fetid Tale of Antulín,» and which was recently published in *The Texas Quarterly.*[9]

Scatology means, literally, «dung knowledge.»   From the Greek word, *EKATO* (scato: «excrement»), scatology is defined as «the study of or preoccupation with excrement or obscenity.»[10]   As a literary term, it is «used occasionally» to refer to «obscene or bawdy literature.»[11]   In *A Dictionary of Literary Terms,* J. A. Cuddon classifies «scatology» as a minor and innocuous branch of pornography,» which includes the «bawdy ballads of the oral tradition kept alive in the /military/ Services and among sporting fraternities (especially rugby clubs).»   As has been observed, «many of them are 'shit without wit,' but some have style and originality and only in the perfervid minds of Puritans could they be described as potentially corruptive.»[12]   Quite regardless of any moral considerations, it is clear that literary scatology forms an integral part of the long tradition of «low comedy» which is defined by Cuddon:

> A coarse (often bawdy) type of comedy, sometimes used as comic relief.   The mirth it provokes is likely to come from the belly rather than the brain.   It commonly contains buffoonery, slapstick, violent action and ribald jokes.   It is thus a crudely fundamental form which trades upon people's relish at seeing others humiliated and ridiculed and involved in scabrous episodes.   The punch-up, the custard-pie contest and the man caught with his trousers down are common examples of low comedy situations.[13]

The «Fetid Tale of Antulín,» by Fernando Sorrentino, relies only partially on scatological humor for its overall farsical effect, but this aspect of the author's style is what will primarily concern us here.[14]   The story is reminiscent of Quevedo's grotesque treatment, in his *Vida del Buscón* (1626), of the boarding houses of Salamanca, with their host of repulsive characters.   The principal action of Sorrentino's narrative also takes place in a *pensión*, but one located in

the modern city of Buenos Aires; indeed, much of that action is focus-
ed on the bathroom of the boarding house of one Doña Encarnación,
the Galician landlady. A wretched, anonymous narrator who makes
his abode in the *pensión* almost tearfully unfolds the harrowing (yet
humorous) events of his relationship with Antulín, another inhabitant
of the place. Antulín is described throughout with expressive images
of filth, slovenliness, and foul odors. He is a boorish, uncouth, in-
sensitive oaf who, every night, hangs his eternally unwashed, single
pair of moist, sticky socks on the towel rack to dry. Driven to
desperation, the narrator finally hurls the socks into the toilet when
Antulín is not there, and follows this (for him) heroic deed by tossing
into the toilet other smelly undergarments, towels, and handkerchiefs
belonging to the churlish Antulín who is, to make matters worse, according to the narrator, a butcher! Our hero would even have gladly
thrown in, he informs us, an umbrella or an overcoat! However, the
socks are the least of the narrator's woes. The existence of this meek
and sensitive creature, a humble, insignificant office employee, is
made even more miserable by the fact that he must arise every day at
4:00 A.M. in order to use the bathroom before Antulín who, at 5:00
A.M., charges in to have a «copious bowel movement!»[15] In the
style of a humorous, Quevedesque enumeration, the narrator
describes the odor left by Antulín:

> Our perhaps 'unbearable' is not the word. It was the most frightful
> stench that the human imagination can possibly conceive of: a won-
> drous admixture of the individual stinks of a slaughaterhouse, a gar-
> bage dump, a pigsty, a tannery, sewer water, a frightened skunk, a
> hyena cage, a soaking-wet dog, and rotting fish. (120)

In addition, for some mysterious reason Antulín is averse to the use of
toilet paper, and prefers *La Vanguardia* and *La Hora,* «those two
pillars of the national popular press, (121)» organs of the Argentine
Socialist and Communist Parties respectively. In a humorous exag-
geration and personification of the clogged-up toilet, the narrator
concludes his chapter titled «The Problem of the Residue:»

> The minute he finishes his reading, he imposes upon the newspaper
> the highly delicate task of substituting, with varying degrees of suc-
> cess, for the more specialized toilet paper. Now, then,
> Antulín's residue being torrential, it is necessary to sacrifice two en-
> tire papers. Consequently the toilet, already suffering indigestion
> from the shorts and undershirts which I tossed in whenever I had the

chance, was unable to swallow all that paper pregnant with patriotic ideals. Above all, however, it simply could not absorb the generous tribute of Antulín. (121)

Every morning, the narrator thus finds himself confronted, as he points out in despair, «not only by the most frightful stench in all the visible and invisible universe, but also in personal audience with Antulín's own authentic shit. Flanked to port and starboard by the soaked and decorated proletarian newspapers, it would be floating springlike on the brown toilet water, like one of those huge aquatic or «floating» islands seen in the Paraná River.» (121)

It is worth indicating, at this point, that the author has thus far followed a technique characteristic of his storytelling art which has been observed by another reader. Initiating his narrative amidst the most banal of fictitious circumstances possible, by means of a gradually increasing use of hyperbole and a subtle process of rarefaction of the tale's atmosphere, Sorrentino surprises his reader by displacing the story's realistic context and relocating it in the realm of the outlandish, the bizarre, the fantastic, or the absurd.[16] Having accepted the foregoing outrageous exaggerations and the dubious verisimilitude of what has preceded, the reader will now accept almost anything. But it is all in good fun, and Sorrentino is now able to proceed with slightly different types of humor which are still, however, dependent upon the scatological foundation he has built for their impact.

Chapter 5, titled «The plumber,» introduces a new character: «It was a conditioned reflex. Antulín entered the bathroom, and the landlady would telephone the plumber.»(121) The latter ultimately dedicates all his time to the *pensión* toilet, even transfers his place of business to the boarding house, takes calls there, and advertises its address in the newspapers! However, the plumber also suffers because of the wily Antulín. In a witty description, Sorrentino depicts the plumber as a knight keeping vigil over his arms, watching for any «sudden, sneaky assault» on the toilet by Antulín (121).

> Later on, the plumer had absolutely no rest. At unusual hours of the day and night he could be seen, exhausted, with rings under his eyes, standing before the bathroom door on the breezy top of a kind of watchtower built out of empty fruit crates. From this perch, like a medieval knight ever ready for combat, he kept ceaseless vigil over the arms which lay at his feet: buckets and plungers to the right, snakes and toilet brushes to the left. (122)

Nevertheless, the plumber is a shrewd businessman, and he gives the landlady a small discount, granting her a fixed monthly charge of forty-five thousand pesos for his services, to be paid in advance, of course. The narrator comments wryly: «For this reason I am convinced that not even on Wall Street are there bowel movements any higher quoted than those of Antulín.» (122)

Following the apparent success of his first attempt to execute Antulín (by electrocution), the narrator celebrates. He gets drunk, falls into a deep sleep and has a beautiful dream which merits quoting in its entirety due to its gleeful scatological elements:

> Like an orderly army, there came parading by in front of me thousands of pairs of brand-new, unworn socks neatly wrapped in transparent, perfumed little bags. Behind the socks, magnificent rolls of toilet tissue rolled majestically by: white rolls, blue rolls, pink and yellow rolls. Next came marching a company of bright, aromatic bars of toilet soap. The socks, toilet tissue, and soap were heading resolutely toward a great city square where executions were held. In the center of the plaza yawned a deep, inscrutable pit. There was to be a public execution, and the condemned was none other than Antulín himself. Stretching out over the pit was a thin plank along which Antulín advanced unsteadily, prodded on by the sword of an executioner wearing the traditional black hood. Antulín reached the end of the plank and stopped in one last, desperate effort, by a sharp jab in the rump made him lose his footing. He plunged headfirst to the bottom of the abyss where there awaited him tons and tons of his own unmistakable excrement. It was all mixed together in an indescribable mess with his equally unmistakable newspapers, ... socks, undershirts, shorts, and towels. At once the pit was filled in with earth; the earth bore fruit in grass, trees, and flowers; and there appeared in that Garden of Eden, as if out of nowhere, a white temple with serene Doric columns. A deep peace pervaded my spirit. I entered the temple wherein a limpid atmosphere emanated from the walls of gleaming marble. I walked piously toward the altar, where six, beautiful, blond virgin priestesses were worshipping before an immaculately white toilet out of which wafted celestial aromas that perfumed the air and transported the senses upward in ecstasy toward ethereal regions. (127-28)

Unfortunately for our hero, Antulín does not die, but returns to the boarding house to undermine the confidence and disturb the sleep of the again forlorn narrator. The splendid dream just described is now contrasted by horrible, nocturnal visions reminiscent of previous, real experiences of the narrator: «I spent a terrible night. I don't think I slept an hour. No sooner would I close my eyes than there would appear before me, in chilling sharpness and precision of detail, the toilet decorated as it was during the days when Antulín rode the crest of his greatest glory. At that point I would wake up soaked in the cold sweat of atrocious nightmares. And while I was suffering in this unjust way, Antulín was probably peacefully asleep in his room, dirty and stinking like a wild boar. I cannot deny that I hate Antulín»(130).

Nevertheless, the narrator can, at least temporarily, again use the bathroom at seven-thirty instead of four A.M. because, during the period of Antulín's convalescence, the latter was

> doing his business in an enamel chamber pot--a spittoon, to be perfectly precise. Every morning the heroic Spanish landlady . . . would carry it, fragrant and overflowing, from the lair of the beast with the same half-timid, half-proud, and solemn air with which a royal page would present the regal crown to the queen of a European country. Let us say to the queen of England, to use a cultured, Anglo-Saxon example. (130)

Finally, in one of the most uproariously comical scenes in the story, Sorrentino displays his artistic talent in the creation of a highly amusing dialogue sparkling with scatological humor. Sorrentino has informed me that the title of the chapter in which this grotesquely absurd episode appears, «Description of a Fight,» is the same as that of a story by Kafka, «Beschreibung eines Kampfes.» One morning, the narrator sleeps in, and gets to the bathroom just ten minutes ahead of Antulín. «At five o'clock on the dot,» we read, «propelled by his chronometric, Swiss-precision sphincter, Antulín knocked on the bathroom door.»

> «Occupied,» I said.
> «Will you be long?»
> I didn't answer.
> «Will you be long?» insisted Antulín, raising his voice.
> «Eh?»
> «Will you be long, I say?»
> «Eh?»
> «I said, will you be very long, sir? 'Cause I'm in a hurry!» Antulín's

voice had taken on an anguished tone.

«I'll be right out,» I answered.

I began to lather up again as slowly as I possibly could. I heard Antulín backing away a few steps, doubtlessly to fortify his spirit for the resistance. His effort would be something like the defense of a besieged city, only in reverse. The motto of the defenders, instead of «*They shall not enter*!*» would have to be «*They shall not get out*!*» He was soon obliged to summon help.

«Please hurry up, sir! Listen, I can't stand it much longer!»

«You can't stand what much longer?» I asked, as I painstakingly scrubbed my scalp with my fingernails.

«I'll ago in my pants, sir!» Now prey to lack of bowel control, Antulín had also completely lost his self-control. Nevertheless, he still tried to allege one more argument to plead cause.

«With all that beer I drank last night because of the heat, I've got terrible diarrhea.»

«Oh! I'll be right out in just a second,» I said in a concerned tone of voice, and I thought: «Shit yourself, you beast, and we'll see if that way you'll wash your drawers, even is it's only once!»

I scratched the bar of soap and began to scrub my fingernails meticulously. Then, to my justified indignation, Antulín, now on the verge of despair, assaulted the door with fist and foot. His attitude was going beyond what my unlimited patience could endure.

«What kind of knock is that?» I shouted angrily. «Now, because you're so ill-mannered. I'm not going to open the door at all.» (131-32)

When the narrator emerges from the bathroom half an hour later, Antulín savagely hurls himself upon him and battle is joined. In the middle of this crescendo of violence, Sorrentino again introduces one of his favorite stylistic devices, an enumeration charged with scatological, olfactory imagery. In this passage, the temporal adjectives located toward the end produce a uniquely humorous effect:

> The fact was that Antulín had --quite literally and without any possible euphemism-- shit himself, and his whole body was giving off a stench insurmountably perfect in its putrefacation, some of the ingredientes of which I was able to distinguish in spite of my life being in danger: greasy hair; a breath smelling of bread and pork sausage all chewed up and washed down with red wine; rank and persistent urine; viscous, unwashed feet; *eternal* clothes; and *ancient, medieval, modern* and *contemporary* excrement. (132; my italics)

The examples I have presented will suffice to demonstrate the nature of Sorrentino's scatological humor and the frequency of its occurrence. I should like to conclude with some brief considerations of the story's general structure, trajectory, and meaning. The first-person narrative is divided into sixteen titled chapters, some brief, some lengthy. Its eternal organization and main theme are hinted at in the story's opening lines: «Oh, how I hate Antulín! I hate that man so much that I have attempted to kill him three times, and three times I have failed.»(118) The first five chapters, which I have already surveyed, present the background setting, main characters, and motivation of the narrator's undying hatred for Antulín. Indeed, his frequently repeated, strategically placed, and varied, humorous expressions of the loathing he feels for his antagonist provide a refrain or leitmotif which unifies the narrative from start to finish. The three frustrated attempts to electrocute, burn, and gas Antulín, which the narrator alludes to at the outset and then recounts in hilarious detail, lend internal cohesiveness and balanced pacing to chapters 6-15. The tone in these chapters oscillates between one of extreme elation and euphoria and that of utter despair and discouragement as the narrator achieves apparently triumphant successes only to have them repeatedly and mysteriously elude him.

However, it could only be so, for Sorrentino's narrator is one of the author's numerous «losers» in a world seen as unfairly but inexorably divided into «winners» and «losers.»[17] It is, therefore, significant that «The Fetid Tale of Antulín» appears in a volume of stories whose binary title, *Imperios y servidumbres,* subtly announces such a Kafkaesque vision and division.[18] The key to the meaning of the story lies in the narrator's opening sentence, in his reference to his three failures. We thus know from the outset that this miserable wretch is condemned to failure and perdition in his unequal conflict with the enigmatic, fortunate, and all-powerful Antulín. However, Antulín's superiority is foreshadowed once more in a scene in which the narrator's only happy moment of each day, his peaceful breakfast in an elegant café, is discovered and destroyed by his nemesis, who «instantly came up with the most difficult parts of the crossword puzzle.»(124) It is, of course, ironic that power is often in the dirty (or bloody) hands of the Antulíns of the world. By the end of the tale, Antulín has appropriated everything: he has married the landlady, thereby coming legal owner of the *pensión,* the symbolic, fictitious «world» of the story, the center of which is, significantly the bathroom, and within the bathroom, the toilet; and the plumber, who likewise previously detested Antulín, is not only now the latter's bosom friend, but also the manager of his butcher shop. The plumber now dedicates «all his wisdom exclusively» to the boarding house toilet, hence to Antulín. The significantly *anonymous* narrator is now, literally, a «nobody,» an outcast in his own home, suspected and shunned by all. Broken in health and in spirit, he despondently concludes in chapter 16, a kind of epilogue titled «Constant Odor Beyond Death:»[19]

> As you might imagine. I have definitely given up attempting to execute Antulín. I recognize his superiority, and I know that he is immortal. Perhaps our world will be destroyed by some cataclysm. There will appear new civilizations which will carry out archaeological excavations to learn about the past, but of our twentieth-century culture they will find only two monuments: the indestructible toilet used by Antulín, and his perennial socks. May the men of the future know how to interpret Antulín's secret message which we, regrettably, have never understood in its full range of implications. Nevertheless, in spite of these considerations, I cannot deny that I hate Antulín. (140)

NOTES

1. *La regresión zoológica,* Buenos Aires, Editores Dos, 1969; *Imperios y servidumbres,* Barcelona, Seix Barral, 1972; *El mejor de los mundos posibles,* Buenos Aires, Plus Ultra, 1976; *Cuentos del mentiroso,* Buenos Aires, Plus Ultra, 1978.

2. Fernando Sorrentino, *Siete conversaciones con Jorge Luis Borges,* Buenos Aires, Casa Pardo, S.A., 1974.

3. *35 cuentos breves argentinos siglo XX,* Buenos Aires, Plus Ultra, 1973; *Cuentos argentinos de imaginación,* Buenos Aires, Atlántida, 1974; *30 cuentos hispanoamericanos* (1875-1975), Buenos Aires, Plus Ultra, 1976; *36 cuentos argentinos con humor siglo XX,* Buenos Aires, Plus Ultra, 1977; *40 cuentos breves argentinos siglo XX, Buenos Aires, Plus Ultra, 1977; 17 cuentos fantásticos argentinos siglo XX,* Buenos Aires, Plus Ultra, 1978. In addition, Sorrentino has edited and annotated, for Plus Ultra, several other Spanish and Argentine classics, such as the *Libro de Buen Amor, El Conde Lucanor, La verdad sospechosa, Artículos de costumbres,* and *Martín Fierro.*

4. See, e.g., the following: «Para defenderse de los escorpiones,» *Papeles de Son Armadans,* 268 (febrero de 1978), pp. 177-82; «Piccirilli,» *La Prensa,* 2 de julio de 1978; «Una cruzada psicológica,» *Revista Nova Arte,* No. 1 *[Buenos Aires],*

(septiembre-octubre de 1978), pp. 8-9; «En defensa propia,» *La Nación* *[*Buenos Aires*]* (24 de septiembre de 1978), Sección 3ª, p. 2; «Fábula edificante,» *Los Principios* *[*Córdoba, Argentina*]*, (19 de febrero de 1978), Sección «Revista de Revistas,» p. 9, «Esencia y atributo,» *La Unión* *[*Catamarca, Argentina*]*, (3 de abril de 1977), p. 5.

5. See, e.g., the unmistakable dedication of Sorrentino's story, «Nuevas leyes inmobiliarias»: «A la memoria de mi idolatrado K.» *El mejor de los mundos posibles,* p. 47. See also Sorrentino's remarks made in a recent interview: «-Sí, soy un ferviente admirador de Kafka. Cuando lo leo y releo no puedo dejar de fascinarme ante su precisión estilística, ante la riqueza de sus argumentos. Yo estimo sobremanera la precisión y en cambio no me gusta nada la ambigüedad. En mis cuentos trato de que, pese a lo extraño de muchas situaciones, las imágenes sean muy concretas, muy precisas.» Sorrentino shares other experiences with the German-speaking, Czechoslovakian author of *The Metamorphosis.* While the inspiration of some of Kafka's literary works came from his bureaucratic position in the workmen's compensation division of the Austrian government, the Argentine author tells us of somewhat similar work experiences. In the same inaterview, Sorrentino refers to literary approaches and procedures utilized by Kafka which shape his own stories as well: «-Yo trabajo a partir de situaciones comunes y circunstancias que son bien conocidas. Fui oficinista por varios años y en la actualidad ejerzo como profesor de Letras. Mi experiencia humana es, pues, de las corrientes. Sólo que, como narrador, estoy convencido que cualquier ambiente por más simple y convencional que parezca, representa un mundo susceptible de varias interpretaciones y es tarea del escritor proponerlas. Todo está en saber raspar la superficie de la realidad para ver qué hay debajo.» Carlos Troncone, «Fernando Sorrentino, la frágil superficie de la realidad,» *Familia Cristiana* *[*Buenos Aires*]*, (agosto de 1978), pp. 28-41.

6. Troncone, p. 39.

7. Anonymous, «El balance de Fernando Sorrentino,» *La Prensa* *[*Buenos Aires*]*, (18 de junio de 1978), p. 201.

8. Troncone, pp. 39-40.

9. See Fernando Sorrentino, «The Fetid Tale of Antulín,» trans. Thomas C. Meehan, *The Texas Quarterly,* XXI, no. 1 (Spring, 1978), 118-42.

10. *The Random House Dictionary of the English Language,* N. Y., Random House, 1966, pp. 1276. Scatology is also called coprology, from the Greek, (copro: «dung»).

11. J. A. Cuddon, *A Dictionary of Literary Terms,* Garden City, N. Y., Doubleday and Co. Inc., 1977, p. 592.

12. Cuddon, p. 514.

13. Cuddon, p. 264. The author goes on to enumerate appearances of «low comedy» in literature: «It is frequent in Aristophanic comedy, farce, medieval English drama, Tudor and Jacobean drama, and also Restoration comedy. Notable instances are to be found in *The Merry Wives of Windsor,* the brothel scenes in Pericles (IV) and several scenes from Wycherley's *The Country Wife.* Low comedy is also to be found in the satyr-play, the *fabula* and the anti-masque. Low comedy is plentiful in other literary

forms. Excellent examples occur in Goliardic verse, Boccaccio's *Decameron* and Chaucer's *Canterbury Tales*. It may also be applied to Samuel Butler's *Hudibras,* Pope's *Dunciad* and a number of scenes in the sporting novels of R. S. Surtees. Some of the Mack Sennett and early Charles Chaplin films are masterpieces of low comedy.»

14. Sorrentino's interview has also perceived the scatological element of the story in which, as he says, «se describe en clave farsesca la neurosis homicida del protagonista, presa de obsesiones escatológicas....» Troncone, p. 40.

15. Sorrentino, «The Fetid Tale of Antulín,» *The Texas Quarterly,* p. 120. All further quotations are taken from my translation of the story, cited above, in note 9; page numbers will be indicated in the text.

16. Troncone, p. 38. The critic adds: «Lo original del recurso consiste en que esa fantasía no se despliega en forma desaforada, recurriendo a fantasmas corporizados o a escenarios de pesadilla, sino más bien en un interregno alusivo, que jamás se aparta totalmente de la realidad primigenia.» It is a technique well-known to the best writers of fantastic fiction of the Argentine, such as Cortázar, Borges, Bioy Casares, Silvina Ocampo, etc.

17. When the narrator is convinced he has succeeded in electrocuting Antulín, he even believes (mistakenly) that he has passed over to the side of the «winners:» «With the satisfaction achieved only through the fulfillment of duty, I went back into the bathroom and shut the door. The image of a winner smiled at me in the mirror. As I carefully combed my hair, tied my tie, and admired my smile and intelligence, I hummed in a low voice. . . .» (126)

18. See muy book review of *Imperios y servidumbres* in *Books Abroad,* 48, No. 1 (Winter, 1974), p. 102.

19. The Spanish title, «*Olor* constante más allá de la muerte,» is a parody of a well-known sonnet by Quevedo, «*Amor* constante más allá de la muerte.»

Cortazar's Los Reyes: A Writer in Search of Himself

ROBERT Y. VALENTINE

Two years prior to his voluntary exile to Paris from Buenos Aires, Julio Cortázar rewrote the minotaur myth to reflect the nature of the poetic temperament and the artist's condition in the world.[1] He later declared: «El Minotauro es el poeta, el ser diferente de los demás, completamente libre. Por eso lo han encerrado, porque representa un peligro para el orden establecido.»[2]

Critical response to this story in dramatic form has been varied. Prior to Cortázar's statement, the poet's introspective search in *Los reyes* had been overlooked. The first review (in *Sur*) classifies it as a drama in which the characters are subjected to various degrees of suffering. «Ni detalles ornamentales ni contagios románticos, ni tráfico con máscaras y cascos postizos, ni milagros.»[3] Alfred J. MacAdam calls the play an anomaly in comparison with Cortázar's other works. He sees the Minotaur as an archetypal *pharmakos,* a sacrificial scapegoat, «la angustiada visión de un individuo sin esperanzas, que no puede ser tolerado por su mundo.»[4] Classifying it as part of Cortázar's «prehistoria literaria,» Juan Carlos Curutchet suggests that *Los reyes* «alude tal vez al peronismo, pero de un modo más preciso a esa modalidad de autoexilio del escritor ríoplatense perdido en los laberintos de una realidad ominosa.» The Minotaur, Curutchet and others agree, is «un ser atormentado sediento de libertad» who allows himself to be killed.[5] Emphasizing Cortázar's quest for physical and metaphysical evasion, Luis Bocaz Q. recognizes attributes of every man in the Minotaur: «cada uno (de los personajes) siente que el Minotauro es una parte de sí mismo: el lado de nuestro ser que intuimos y que, en vano, intentamos reprimir.»[6] Graciela de Sola, on the other hand, points out the thematic unity of all of Cortázar's work, suggesting that Cortázar himself speaks through the *citarista:*

> Toda la obra posterior de Cortázar no hará, en el fondo, sino explicar y comentar, aguda, críticamente, los momentos de poética lucidez que aparecen magníficamente resueltos en la palabra de *Los reyes,* y que siguen irrumpiendo en toda su narrativa. [7]

In fact, Cortázar's introspective perception of the poet in the world is dramatized throughout his works beginning with *Los reyes,* a play (intended primarily to be read) about the production of art, the coming into existence of poetry.

Cortázar engages in creative mythology by adapting the here and now condition of the modern artist to an ancient myth. the Minotaur struck a responsive chord in Cortázar and provided him with a model of the unadaptable individual, the poet or artist, who, rather than constituting a threat to society, is an impulse to the revelation of the deeper truths of mankind, the hidden force in all men. Joseph Campbell's description of Picasso's distortion of the myth in «Minotauromachy» (1935) applies to *Los reyes:* «Such deliberate prevarication is justified . . . by the fact that mythic symbols point beyond the reach of 'meanings' and even in the sphere of meaning have many 'meaning'.» [8]

It is tempting to argue that Argentina is the labyrinth in which the poet Minotaur Cortázar, with an Argentine body and a French head, is trapped. After all, he went to Paris shortly after the publication of *Los reyes* and found the geographical, intellectual and spiritual center from where he could engage in a contemplation of his condition as an Argentinian writer. However, of deeper significance, *Los reyes,* like most of Cortázar's subsequent works, examines the nature of the poetic personality. It is art about art. In his dramatization of a mythological figure Cortázar questions his own role and the role of the artist in general in the world: What is the poet, where does he fit into the world and what are his aspirations? This is not disguised autobiography. Cortázar attempts to answer these questions without identifying or dramatizing himself directly into the role of the Minotaur. In his works we are seldom free of the sound of his breathing. But Cortázar mirrors himself and his creative concerns only from behind the masks of several characters in the work.

To dramatize these creative concerns in his stories and novels, Cortázar chooses tightly constructed, closed worlds (i.e., ship, arena, theater 'stage, galería, apartment, old house, photograph or asylum). The artificial labyrinth in *Los reyes* is a restricted stage on which the poet Minotaur performs the dramatization of Cortázar's personal quest. With the head of a bull, a mask that isolates the poet, the body of a man, the Minotaur performs a visionary or poetic «other self.» And yet, unseen by outsiders, he performs in isolation primarily for himself. In «La casa de Asterión,» Borges places his monster in a house/labyrinth. Borges' Minotaur does not consider his labyrinth to be a prison and yet he allows Theseus, a redeemer, to kill him. Cortázar, on the other hand, dramatizes a «free» Minotaur trapped against his will in the prison created by men. For Cortazár, this is the natural condition of the poet. On this level the labyrinth symbolizes restrictive conventions from which the true poet must free himself. The contrived order of the labyrinthian world attempts to subjugate the disordered freedom of the poet, a «madman» or unadaptable man, who is outside of the conventional order of things.

At about the same time he was writing *Los reyes,* Cortázar wrote about Antonin Artaud and translated some of his letters. The coincidence is significant. Artaud considered his imprisonment in an insane asylum, a setting used later by Cortázar in *Rayuela,* to be a «monstruoso asunto.»[9] Like the entrapped Minotaur, he, too, was an «animal humano» whose surrealism attested to his constant personal quest for creative freedom.[10] In the labyrinth, Cortázar's poet Minotaur lives his poetry; he is the original poet or primitive «namer» of the plants he eats and the constellations he organizes with the young warriors and virgins from Athens. For Artaud the labyrinth represents the reaction of «una pandilla de insípidos que ha querido imponer a todo el mundo su odio hacia la poesía ....» The Minotaur's escape through death from the labyrinth will propel the poet into the unconscious awareness of mankind, «mi laberinto diminuto y terrible en cada corazón de hombre» (*LR,* 66), because, as Artaud declares in a letter translated by Cortázar, «son las memorias de los poetas muertos que se leen,» while living poets are either ignored or looked upon with distrust.

On another level, the labyrinth, which leads to a center, represents the poet's isolated mind turned increasingly inward.[11] Death from suicide, a common theme in Cortázar's work, is the ultimate consequence of the relentless inward search. The Minotaur seeks death as a way of projecting his introspective search on other levels of reality, referred to as the «reino incontable» (*LR,* 66). Thus, the Minotaur allows Theseus to kill him.[12] For the Minotaur-poet, death is neither a punishment nor the end. It is life and freedom; as the final frontier, it is the «dador de la vida profunda» (*LR,* 64). Death to the artist, the annihilation of his art, comes in a different way. «Mira sólo hay un medio para matar los monstruos: aceptarlos» (*LR,* 64).   Success is death to the artist; the praises and honors of men will kill the artist by transforming him into public property.   This does not happen to the Minotaur; on the contrary, mankind kills the Minotaur by rejecting him an insures his «success» as an artist.   In Cortázar's story «El perseguidor,» for instance, when Johnny Carter dies, his biographer Bruno, the narrator of the story, knows that success is assured.[13]

In addition to those dramatized in the Minotaur, other aspects of the poetic temperament are presented in *Los reyes*.   Theseus is a man of action, the aggressive poet who lives his poetry in public in contrast with the introspective Minotaur poet, who has turned inward.   Theseus says: «Estoy aquí cumpliendo un mandato que me viene de la estirpe.   No consta de palabra ni designios, sólo un movimiento y una fuerza» (*LR,* 33).   In league with Minos (and the literary establishment) he seeks the Minotaur's death in order to preserve his power and to propagate his fame.   He continually calls himself a «hero» and glories in his   reticence.   He distrusts language.   «De pronto me descubro una peligrosa facilidad para encontrar palabras» (*LR,* 57).   And, as he kills the Minotaur, he exclaims: «¡Calla!   ¡Muere   al   menos   callado!   ¡Estoy   harto   de palabras, perras sedientas!» (*LR,* 68).   In another example of this kind of art about art so prevalent in Cortázar's works, Horacio and Morelli in *Rayuela* call words «perras negras» and decry language's betrayal of meaning.

Having entered to kill the Minotaur, Theseus seeks a way out of the labyrinth.   Minos says to him: «tu presencia altera el orden sagrado» (*LR,* 28).   All of these attributes, death to words, escape from the labyrinth and a disruption of established conventions are ascribed to the poet.   One kind of poet (Theseus), the poet of action and physical experience, kills another (the Minotaur), the visionary introspective or metaphysical poet.   In a sense, it is the confrontation of a withdrawn Bécquer with an active Espronceda, or a private Herrera y Reissig with a public Borges.   Cortázar, at this point in his development, has yet to decide what kind of poet he is.   The Minotaur also represents the poetic in all men and thus Thesues, in a sense, kills the poetic within himself.   by sacrificing himself to worldly fame, Theseus kills himself poetically.   The *citarista,* one of many musical performers in Cortázar's works, is another kind of poet, one who visualizes poetry as pure sound.   The Minotaur bestows power on him: «El mundo se te volverá sonido» (*LR,* 74).

The interrelationship of these mythical characters emphasizes the multiplicity of man's (and Cortázar's) nature.   Minos and Theseus are joined together by Ariana. «Ella es el vértice que une nuestras dos líneas reales» (*LR,* 29). And, of course, the Minotaur is half-brother to Ariana. She loves him and seeks his escape from the labyrinth in Cortázar's version. She is a forerunner of Maga, Horacio's poetic double against whom he mirrors and examines his artistics traits in *Rayuela.* Andrés uses Ludmilla for a similar purpose in *Libro de Manuel.* All characters are united by the Minotaur in *Los reyes.* Minos asks: «¿Llevamos el Minotauro en el corazón, en el recinto negro de la voluntad?» (*LR,* 34). The answer is clearly affirmative. The impulse to poetry swells in every man, no matter what his quotidian mask might be. In «El perseguidor,» the Minotaur is dormant in the critic Bruno but alive in the jazz musician Johnny Carter. In *Los premios,* Cortázar's first novel, the spirit of the Minotaur is particularly evident in the portrayals of Medrano, who confronts death with an anticipation not unlike that of the Minotaur, and Persio, whose monologues outline the stages of the artistic act of creation. *Rayuela* is an account of Horacio's flight from the labyrinth of Paris into a timeless state reflected in a metaphysical return to Buenos Aires. *Los reyes* is the forerunner of these and many other works in which Cortázar examines the nature and processes of the creative act.

In summary, Cortázar dramatizes the creative impulse in the Minotaur, Theseus, the *citarista* and others. The Minotaur is the force that causes movement in the dancer, «Nydia sentirá crecerle un día la danza por los muslos» (*LR,* 74), and all mankind. This relentless «will-to-create» is propagated by the spreading of the Minotaur's blood (*LR,* 75). Cortázar recognizes this force within himself, a manifestation of his «other self,» the creative impetus of his own literary production. He dramatizes images of the archetypal poet or creator in order to mirror his own performance as he struggles for his identity within his works in a continual self-search for an authentic voice.

NOTES

1. *Los reyes,* 2ª edición, Buenos Aires, Sudamericana, 1970. References are from this edition and are listed in parentheses with the designation *LR*. *Los reyes* was first published in *Los anales de Buenos Aires* (1947), edited by Borges, and, later in book form: *Los reyes,* Buenos Aires, Gulab y Aldabahor, 1949. *Los reyes* is contemporary

with several other plays based on mythological themes and points to Cortázar's admiration for French literature. Examples are Cocteau, «La machine Infernal» (Oedipus); Giraudoux, «La Guerre de Troie n'aura pas lieu» (Hector); Anouilh, «Antigone»; and, Sartre «Les Mouches» (Orestes).

2. Luis Harss, «Cortázar, o la cachetada metafísica,» *Mundo nuevo*, No. 7 (enero, 1967), p. 61. Cortázar outlines the plot: «Son diálogos entre Teseo y Minos, entre Ariadna y Teseo, o entre Teseo y Minotauro. Pero el enfoque del tema es bastante curioso, porque se trata de una defensa del Minotauro. Teseo es presentado como el héroe *standard,* el individuo sin imaginación y respetuoso de las convenciones, que está allí con una espada en la mano para matar a los monstruos, que son la excepción de lo convencional.... En la primera escena Minos y Ariadna *[*called Ariana in the play*]* hablan del Minotauro, y se descubre que Ariadna está enamorada de su hermano (tanto el Minotauro como ella son hilos de Pasifae). Teseo llega desde Atenas para matar al monstruo y Ariadna le da el famoso hilo para que pueda entrar en el laberinto sin perderse. En mi interpretación, Ariadna le da el hijo confiando que el Minotauro matará a Teseo y podrá salir del laberinto para reunirse con ella. Es decir, la versión es totalmente opuesta a la clásica.»

Borges includes a description of the «actual» myth in *The Book of Imaginary Beings,* New York, Avon,1970, pp. 158-159. «The Minotaur, half bull and half man, was born of the furious passion of Pasiphae, Queen of Crete, for a white bull that Neptune brought out of the sea. Daedalus, who invented the artifice that carried the Queen's unnatural desires to gratification, built the labyrinth destined to confine and keep hidden her monstrous son. The Minotaur fed on human flesh and for its nourishment the King of Crete imposed on the city of Athens a yearly tribute of seven young men and seven maidens. Theseus resolved to deliver his country from this burden when it fell to his lot to be sacrificed to the Minotaur's hunger. Ariadne, the King's daughter, gave him a thread so that he could trace his way out of the windings of the labyrinth's corridors; the hero killed the Minotaur and was able to escape from the maze.»

3. Alberto Girri, «Review,» *Sur,* 183 (1950), pp. 55-57.

4. *El individuo y el otro: crítica a los cuentos de Julio Cortázar,* New York, La Librería, 1971, pp. 32-39.

5. «La prehistoria literaria de Julio Cortázar,» *Cuadernos hispanoamericanos, LXXV (1971), pp. 303-304.*

6. *«Los reyes* o la irrespetuosidad ante lo real de Cortázar,»*Homenaje a Julio Cortázar,* Helmy F. Giacomán, comp., New York, Las Américas, 1972, p. 451.

7. *Julio Cortázar y el hombre nuevo,* Buenos Aires, Sudamericana, 1968, pp. 20-24. Contrast Graciela de Sola's comment with the following by Mercedes Rein, *Julio Cortázar: el escritor y sus máscaras,* Montevideo, Editorial Diaco, Ltda., 1969, pp. 16-17: «*[Los reyes]* es el final de la etapa. No hubiera sido posible seguir por ese camino, con esa forma y esa temática, que se ciñen a la coordinada estética con una fidelidad paralizante.» In reference to form and style, she is correct; however, in

reference to the theme, she overlooks the central core of interior duplication throughout his works.

8.   Joseph Campbell, *The Masks of God: Creative Mythology,* New York, The Viking Press, 1970, p. 671.   He also writes: «In the context of a traditional mythology, the symbols are presented in socially maintained rites, through which the individual is required to experience, or will pretend to have experienced, certain insights, sentiments, and commitments.   In what I am calling 'creative' mythology, on the other hand, this order is reversed: the individual has had an experience of his own--of order, horror, beauty, or even mere exhilaration--which he seeks to communicate through signs; and if his realization has been of a certain depth and import, his communication will have the value and force of living myth--for those, that is to say, who receive and respond to it of themselves, with recognition, uncoerced.» (p.4).

9.   «Una Carta de Antonin Artaud,» translated by Julio Cortázar, *Sur,* 163 (1948), p. 83.

10.   Julio Cortázar, «Muerte de Antonin Artaud,» *Sur,* 163 (1948), p. 81.

11.   A discussion of «lo monstruoso» in the Latin American novel by David William Foster, «Lo monstruoso en la novela,» *Americas,* 24, No. 2 (febrero de 1972), pp. 33-36, lists *Bomarzo* (1962) by Manuel Mujica Lainez, and *Minotauroamor* (1966) by Abelardo Arias as extensions of the theme of the sensitive artist enclosed within himself.

12.   In a recent, complicated study of *Los reyes,* Roberto González Echeverría, «*Los reyes:* Cortázar's Mythology of Writing,» *Books Abroad,* L, No. 3 (Summer 1976), p. 551, calls this work «a primal scene in which Cortázar's conception of writing» is presented.   González calls the confrontation between the monster and the hero «a hegemonic struggle for the center that resolves itself in a mutual cancellation and in the superimposition of beginnings and ends.»   He correctly and persuasively argues that Cortázar's work must be read as a whole in order to understand that Cortázar, Johnny Carter, Theseus, and others are all fighting the same textual battle.

13.   I provide an overview of the theme of death in Cortázar's work in «The Creative Personality in Cortázar's 'El perseguidor,'» *Journal of Spanish Studies: Twentieth Century,* II (1974), pp. 169-191.

On reading «Paradiso»

ARTHUR J. SABATINI

The Bachata section of *Tres tristes tigres* opens with Silvestre and Arsenio Cué driving in Cué's convertible. «'What do you think of Bach at sixty?'»[1] Cué says, at which point Silvestre realizes that the car radio has been on. Cué continues:

> --What would the old boy Bach say if he knew that his own music was speeding along the 'Malecón of Havana, in the heart of the tropics, at sixty miles an hour? What do you think would scare him more? What would he find most shocking? The time not the tempo over which his basso continuo has traveled? Or space, the far places his organized sound waves have reached? (p. 318)

As silvestre makes a few Bustrópuns to himself, Cué launches into an extended, and at times erudite, analysis of Bach, music, history and temporality. Cué remarks that the music is transformed; he asks doesn't Bach «become Cuban when you hear it on the Malecón and it's still Bach but not exactly Bach?» (p. 319) Instead of answering, Silvestre thinks, «Cué had this obsession with time. What I mean is that he would search for time in space» (p. 320). They continue driving, the music ends, and the radio announcer says,

> «Ladies and glentleman, you have just been listening to the Concerto Grosso in D Major, opus 2 number 3, by Antonio Vivaldi. (Pause) Violin: Isaac Stern; viola...» (p. 322).

«'I just bellowed with laughter and I think Arsenio did too'» Silvestre says, then he adds, «--Culture in the tropics, *chico*!--» (p. 321).

Silvestre's comment is meant to be funny, even sarcastic, yet it poignantly identifies an issue that is prevalent in a number of works by Spanish American writers: the relationship between the life and thoutht of Latin America and the history, institutions, aesthetic and intellectual traditions that characterize, particularly, Western

Culture.   Many texts-of writers from Borges to Carpentier to Cortázar, Fuentes, and Lezama Lima-explore the complex dimensions of the inheritance, or curse, the imposition, or appropriation, the understandings, or misinterpretations, or rejections of CULTURE as it appears in the tropics.   But, whereas Borges toys with, or distorts the cultural themes of the West (or suggests a tone of «irreverence» in his essay, «The Argentine Writer and Tradition»), and though Cabrera puns Culture to Bustroabsurdity, and Cortázar conducts his hopscotching dialectics, while Fuentes merely rewrites portions of the history of Terra Nostra, José Lezama Lima elaborates his own dazzling, mysterious, vision of Culture in the Tropics.   To read *Paradiso,* then, is to be as aware as Silvestre and Arsenio of the special experience of time and space in the tropics, and how Culture in the tropics is a matter of so much presence and absence, transformation and peculiarity, revelation and laughter.

Paradiso, is, of course, a vast and intricate novel which suggests the possibilities of innumerable readings and interpretations.   All readers, however, eventually discover that there are three interrelated characteristics of Lezama's writing that must be confronted before one can isolate 'meanings' in the text.   On one level, like Blake or Yeats, Lezama's writing (overall and in *Paradiso*) forms its own privately defined poetic universe, where images, dreams, personal recollections and a wildly eclectic cosmology have been laced together then set afloat.   The reader soon finds that to talk about one aspect of Lezama necessarily means discussing all of his work.   Secondly, like Nietzsche and Borges, Lezama writes about reading and involves the reader in the text in such a way as to call attention to the tenuousness of interpretative processes.   Finally, like only Lezama (and perhaps Pound and Joyce), there is an incessant use and dependence on allusions, references, citations and quotations in line after line of his writing.   Any attempt to read, that is find meanings in *Paradiso,* has to proceed from this initial encounter with a tremendous number of both common and quite esoteric allusions.   Moreover, not only are allusions made, but they are often subjected to interpretations by the narrator and characters in the novel.

The sheer abundance and use of allusions in *Paradiso* creates a perplexing situation for the reader.   The reader has to first gloss an allusion, then evaluate the interpretation given to it for its own sake, then establish what the interpretation signifies in terms of themes, characters, etc.   This threefold process makes it quite difficult to assign coherent meaning to allusions which, in turn, undermines one's discussions of thematic aspects of the work. For example, considering Jose Cemí's versions of Augustine and Aquinas-which even Foción finds «heterodox»--how does one fully ascertain the Catholicism of the novel? Or, though Fronesis rejects some conceptions of Nietzsche (in Chapter 10), of what significance is it that the entire doctrine of eternal recurrence is not put forth in *Paradiso,* where the eternal seems to continuously recur? This is all to say that if we take a cue from Arsenio Cué, the allusions in *Paradiso* might have «become Cuban» and the reader should be wary of the usages, accuracy, and interpretations given in the text.

But the matter of faulty allusions or shifting interpretations is more a matter for Borges than Lezama Lima for the reader soon recognizes that a great many of the allusions in *Paradiso* are drawn from ancient, esoteric, or hermetic sources. These allusions--to the sorcery in Thessaly, Pythagoras, numerology, Atlantis, and various cults and mystics--posit, in themselves, the idea not of mere interpretation but a secret, intuitive, mystical, or poetic knowledge and revelation. The reader, then, who was at first perplexed by the processes of interpretation of allusions in the text discovers that the entire notion of interpretation is often dismissed in favor of ways of intuitive or mystical knowledge.

Reading *Paradiso,* therefore, means recognizing that the allusions in the text are not only abundant, but they contribute to a thematic understanding of the work, and essentially suggest a poetics to be employed in approaching the novel. By closely examining, then, the nature and forms of allusions in *Paradiso* might it not be posible to read the entire text as a 'system' where every element of the text--from theme to character to plot structure--signifies an allusional relationship? I think that is the case, and I want to propose a reading of *Paradiso* that will identify three forms of allusions in the work that each signify, in and of themselves, aspects of a hierarchical thematic relationship best summed up by the phrase: Culture in the Tropics.[2]

The first form of allusion, then, which I'll call the incidental form is as common to *Paradiso* as it is to any other text.[3] In this form the allusion appears isolated in a sentence and it functions metaphorically to compare, develop, or establish a relationship. Examples of this form appear on every page: «Like the Scythians he would spend the day in the saddle» (p. 29); or, «many people in the neighborhood maintained Rastignac relationships with the outlaws» (p. 135); or, «Martincillo was so Pre-Raphaelite and effeminate that even his comments seemed to have on nail polish.» (p. 34) These incidental allusions, drawn from common to scholarly to arcane sources, are often employed comically or grotesquely and they emphasize the exotic nature of the text and the flights of imagination of its narrator and characters. For example, to the lusting Farraluque, the Spanish girl «offered the plain of her back and her Bay of Naples» (p. 202); or, a pair of patent leather boots flutter like the eye «of a princess of Chipango.» (p. 121).

In an essay on *Paradiso,* Julio Cortázar sees Lezama as a writer who unrestrainedly uses all types of allusions in his particular version of the baroque because of Lezama's «American naiveté, insular in the direct and open sense, an American innocence.» (p. 23)' Unlike European writers, Lezama does not possess any guilt about the traditions of culture and so he is free to «write what he likes» without worrying whether or not he is a «link in the chain» of culture. Although I find an innocence suggested by the overabundance of incidental allusions in *Paradiso,* there is also a critical and satirical sensibility at work which is aimed at Western Culture and (pseudo) sophistication. The very presence of such a plethora of allusions in itself betrays extensive learning and signifies both a recognition of Culture and an irreverence toward its 'proper' uses. Moreover, by citing all these allusions, *Paradiso*--a land and a culture in the tropics--signifies that it, too, has been present throughout time and is cognizant of the multitudinous histories of man. Incidental allusions, finally, act like tourist traps that call attention to themselves while the real life (of the text) is elsewhere.

The second form of allusion, which could be called the polemical form, extends the first by making the allusion or reference the subject of a direct comment. Often polemical allusions appear in a series as, for example, when José Cemí talks about Don Quixote in terms of Sinbad the Sailor, Mateo Alemán and St. Anthony of Padua (p. 238). This form of allusion, then, involves opinions, interpretations and analytical remarks by either the characters or the narrator of the novel. The great dialogues on religion, art, values, and homosexuality that are contained in Chapters 9, 10, 11 are in this allusional form.

This form of allusion signifies that *Paradiso,* the world of the tropics, has its own philosophical, conceptual notions of art, myth, history, etc. and the psychic and moral development of mankind. Insofar as everything from cooking to lacemaking to Viennese social life to medicine is discussed in *Paradiso,* this form of allusion serves to reveal that there are few limits to the knowledge and awareness of the tropical consciousness.

On another plane, the uniqueness and intricacies of the arguments put forth in the text display a sort of rejection, and repudiation, of the types of arguments most often used in traditional (by which I mean academic) interpretations of culture. For example, traditional interpretations often see Western and Eastern civilizations as being so divergent in thought and custom that the practices or histories of one civilization are considered invalid for explaining or criticizing the other. Lezama, however, argues for conceptions of man's being-say, religiously--by not only bringing together Eastern and Western philosophies, but by citing philosophers and sources from different countries and time periods. In one passage in his argument about androgyny, Cemí mentions Anaximander, Charlemagne, Romanesque wall paintings,

the Taoists, the Platonists, the Alexandrian Gnostics, nearly all the ancient world, and of which vestiges float up in Havelock Ellis, in Gide's *Corydon,* and in Freud himself (p. 306)

and the references continue. This vast and heterogeneous compilation of sources in support of a thesis shows Lezama's disregard for puristic arguments and the more 'acceptable' ways of interpreting the various behaviors of man.

The third form of allusions in *Paradiso* could be called the allusional series and it essentially defines the nature of poetry itself. This form consists of a series of cluster of allusions that appear in a passage or an entire chapter, with no direct commentary by either the narrator or characters. In a sense this form of allusion elaborates the incidental form since what might appear as an incidental allusion could be an allusion from a longer series. Allusional series, it should be noted, can be discerned in paragraphs, long episodes, or chapters which implies that the reader might be unaware that a series of allusions is discursive until he has finished reading it.

One brief allusional series appears through the ridiculous episode in Chapter 2 when the Danish-Cuban Dr. Selmo Copek crosses a street in Kingston and receives, in his left armpit, a malodorous bluish cloud that has emanated from the right armpit of a Negro policeman «in all the accoutrements of an English bobby» (p. 32) who was directing traffic «as if his city had a European importance.» Dr. Copek «did not anticipate the meteoric, Homeric event» which was about to take place when the bluish clouds, like those that «enveloped Hera and Athena when they moved among the Trojan or Archaean combatants,» nestled in his armpit, causing it to stink «like a sulpherous flower from Orcus or Moira.» To rid himself of the stench Copek bathes and scrubs his armpit but the odor remains until a Jamaican attendant at his hotel fetches the policeman and brings him into Copek's bathroom. The policeman raises his right arm «like an eighteenth century allegory» (p. 33) while Copek raises his arm «as if in one of those secret societies of the Enlightenment» where Benjamin Franklin was visiting incognito. At that point, the «unwinding spool of humors passed to the armpit of the policeman» who, by the way, was annoyed because not many people recognized this magical ability he possessed. The episode ends with Dr. Copek defending the delicacy of his «Nordic pores» while Colonel Cemí explains the «mysterious generative powers of pores,» an explanation that Copek dismisses as being «Like something out of a Caribbean Zend-Avesta.» (p. 34) Taken as an allusional series, the reader notices that the episode moves from a citation of modern European culture through literary references from Homer to mention of the Enlightenment. That the Enlightenment was also the great age of neo-classicism and satire suggests that the entire episode is being narrated in a mock epic fashion, which manages to even mock the mock epic tradition. On another level, the allusional series offers the comment that Homer, who forms the basis of European literature, and the Enlightenment, which forms the basis of European scientific rationalism and humanism, are of most use in the tropics when describing the fantastic smells one gets in one's armpits. As for Copek's final remark, it is to be expected that a European would regard knowledge in the tropics in terms of other exotic sources rather than acknowledge the validity of tropical wisdom.

Another allusional series occurs in Chapter 8 when José Cemí attends the lower school and he witnesses the curious «phallic ritual» performed by the «rustic Leregas» (pp. 197-200). Leregas, whose «phallic power reigned like Aaron's staff» specializes in exposing his erect phallus to his classmates while the teacher, significantly, lectures on the Gulf Stream. In the course of this exhibition a dozen allusions to world civilization flow through the text. Thus, «Leregas would bring out his member with the same majestic indifference as a key presented on a cushion in the Velázquez painting» and he brings his «phallic colossus» to the «gladiator's arena» of the geography class. Leregas «put two octavo books on his member, and they moved like tortoises shot up by the expansive force of a fumarole. It was the reproduction of a Hindu myth about the origin of the world.» There was no doubt that Leregas would «suffer a frightful fate according to the dictates of the Pythian» for this demonstration before the class, who sat like «those motionless pilgrims around the god Terminus.» After the «Last of the teacher's explanatory syllables resounded like the funeral rattles in a ceremony on the island of Cyprus» the students left the class with «the look of people waiting to be disciplined, waiting for the Druid priest to perform the sacrifice.» The teacher, after a momentary pause, reaches over and solidly slaps Leregas across each cheek and the boy's «Egyptian colossi» of a phallus shrinks to the size of «Michelangelo's painted sex in the Creation.» That the penis of a schoolboy in Cuba can be the focus of such universal and erudite attention suggests, to me, that the history of civilization doesn't amount to much. On another level, considering that the teacher was lecturing on the Gulf Stream, the reader can see the allusional series as suggesting that the Tropics, full of youth and fertility, exist beyond the boundaries of the old world, the god, Terminus. The Tropics are a land blossoming like Aaron's staff and they exist, in time, beyond the majesty of the Egyptian Pharaos, the prophecies of the Pythian, the Druidic sacrifices, and athe Cyprian funeral. From Europe they have inherited both a religion and a view of creation via the male (in Michelangelo) and the culture, and near touch of the Spanish maiden of *Las Meninas*. As for the true origin of the Tropics (in the Hindu myths) that is an event that only comes through books. This passage also contains other allusions that point to the Tropics as paradise (with Leregas being the Devil) but I'll leave it to the reader to fully explore the implications of this allusional series.

The allusional series noted above refers to two short episodes in the novel, but I want to note that entire chapters--especially the last three of the novel--are, in themselves, discursive allusional series that signify different aspects of Culture in the Tropics. Thus, Chapter 12 establishes the relationship with magic, the underworld (through Atrius Flaminius), and the present night world of the tropics. Chapter 13 posits the relationship between the Tropics (Havana) and the people of the world of the present; and Chapter 14, through the story of Oppiano Licario, reveals the embodiment, in the individual, of the totality of time and culture, which creates a world outside of time, *Paradiso*.

Because I have neither the time, nor the space(?), to fully assess the theme of Culture in the Tropics, I'd like to conclude these remarks by describing how the forms of allusions I've noted above can be employed in reading other levels of the work. As far as the overall structure of the work is concerned: incidental allusions predominate in the first half of the novel, while polemical allusions appear mostly in the middle chapters (up to 9, 10, 11), and the last three chapters contain fully developed their allusional series. Of course, the pattern of allusional forms corresponds to the growth and awareness of José Cemi, who is at first aware of the multitude of references that constitute the world, then engages in polemics, then awakens to poetic realizations after meeting Oppiano Licario. Characters, too, appear as incidental (the Mexican guitarist), or they function to advance polemics (The Basque, Dr. Santurce), or they embody a purer poetic form (Oppiano, Uncle Alberto, Foción). As for the poetic of reading *Paradiso,* again, one first acknowledges the incidental allusions in text, then one attempts to discuss its polemics, and, finally, one becomes immersed in its vision, its magical presence, its poetry-that is Culture in the Tropics, and much more.

NOTES

1. Guillermo Cabrera Infante, *Three Trapped Tigers,* trans. Donald Gardner, Suzanne Jill Levine, and the author, New York, Harper & Row, 1965, p. 318. Subsequent footnotes to this and other works will be cited in the text.
2. The notion of reading that I am using in this analysis of *Paradiso* derives from an essay by Tzvetan Todorov, «How to Read?» in his collection, *The Poetics of Prose,* trans. Richard Howard, Ithaca, N. Y., Cornell University Press, 1977, pp. 234-246. Todorov outlines a notion and aim of reading as follows:

> A reading's object is the singular text; its goal, to dismantle the system of that text. A reading consists in relating each element of the text to all others, these being inventoried not in their general signification but with a view to this unique usage. (p. 237)

For *Paradiso,* each element of the text can be related to the others by considering the forms of allusions; all elements, then, signify this notion of Culture in the Tropics.
3. José Lezama Lima, *Paradiso,* trans., Gregory Rabassa, New York, Farrar, Straus and Giroux, 1968.
4. Julio Cortázar, «An Approach to Lezama Lima,» *Review 74* (Fall, 1974), pp. 20-25.

La transgresión, regla del juego en la novelística de Lezama Lima

ESTER G.
DE GONZALEZ

Para lograr la conformación del sistema poético del mundo, Lezama Lima propone que la literatura sea como una segunda naturaleza, donde prolifere lo incondicionado y se traspasen los fines en un afán hipertélico. Al hablar de sistema, se piensa en la existencia de un conjunto de normas y elementos conformativos, enlazados en cierto orden coherente para contribuir a un fin, pero en el sistema de Lezama la misma norma del ordenamiento es la «vivencia oblicua», «que parece crearse su propia causalidad» y su contrapuesto, «el súbito» que es por el contrario «lo incondicionado actuando sobre la causalidad.»[1]

Si consideramos que el sistema poético es virtual, es zona vacía y su práctica está dada en la obra de Lezama sólo lograremos darle forma confiriéndole límites y otorgándole reglas de articulación. Así se plantea la paradójica situación de insistir en una totalidad de confrontación y correr el riesgo de ahogar en el proceso la incesante multiplicidad que tanto, súbito, vivencia oblicua e imagen hacen proliferar. Porque el texto de las novelas insiste en una profanación, o mejor en una forma de transgredir las coordenadas que tienden a construir el sistema, pero transgresión que es otro modo de recomponer la ausencia, la forma vacía que el sistema señala.

Como dice Michel Foucault[2], el límite y la transgresión dependen uno de otro: un límite que no puede traspasarse no puede existir y la transgresión no sería tal si el límite fuera ilusorio. La relación entre ambos es un juego obstinado. La transgresión cruza y recruza la línea limítrofe e inaugura una zona por la que el límite se expande en ondas de brevísima duración, volviendo a un espacio que se postula como inquebrantable. Así la relación toma la forma de una espiral que crece gracias a la tensión que lo produce.[3]

La preocupación por delinear la totalidad del sistema desde la práctica poética de Lezama se relaciona con la interrogación por la presencia de los límites; mientras que los intentos de la multiplicidad, la contradicción y la diferencia se dan en el acto de la transgresión.

He elegido algunas escenas eróticas de *Paradiso* y de *Oppiano Licario,* porque en la sexualidad se puede indagar como en el texto, la tensión de límite y transgresión. La sexualidad marca los límites dentro de los miembros de la pareja, además de designarlos como límites. Como dice Foucault[4] es una fisura que permite una profanación sin objeto, la cual tiende a llenar un vacío.

En el itinerario progresivo de encuentros sexuales del capítulo VIII de *Pardiso,* Farraluque es el oficiante de las falarascopías dominicales. La serie de uniones, partiendo de un punto de desmesura, el priapismo del adolescente, y el interrogante de la curiosidad en constante búsqueda de respuesta, despliegan en la repetición del diálogo corporal, la complejidad que les permite las reglas del juego, el descubrimiento de sistemáticas reglas de prohibición y la universal naturaleza de la transgresión. Hay recurrencia espacial y temporal en los cuatro primeros encuentros, el «cuadrado espumoso», el «cuadrado gozoso», siempre en domingo, día de liturgia. «Ir a pintar con cal» es el santo y seña para deslindar lo ilimitado y abrir una constante de experiencias. El trazado de este mundo que va creciendo para el adolescente, no limita sino que expone a la experiencia de tales límites, los que se dibujan y desdibujan en el exceso transgresor.

El primero de los encuentros es con la mestiza mamey. Responde al conocimiento dado por la memoria atávica del hombre. La mestiza mamey que «parecía que dormía» (*P* p. 270)[5] es naturaleza, tentación y sueño. Su cuerpo es «bahía», «río profundo», «colinas de cariciosa vegetación», «hondonadas.» En la mestiza cocinera, se aunaba «la cercanía retadora del cuerpo y la presencia en la lejanía de la ensoñación» (*P* p. 270). La casi nula participación del 'otro', deja total libertad a Farraluque para que postule sus propias reglas del juego. El siguiente encuentro parece obedecer a las características del primero. La españolita tiene cuerpo de «arcilla primigenia», en su tronco hay «resistencia de pinares.» Pero la voz del discurso la aleja poco a poco de la mujer-naturaleza primera, al describirla con «su sexo encorcetado . . . Puerta de bronce, caballería de nubios, guardaban su virginidad» (*P* p. 271). El orden de la relación se ve alterado por la interferencia de elementos ajenos, como la preocupación por la virginidad y la interpretación de un término de peluquería, «la ondulación permanente.» «Esa frase había llegado a la españolita como un oscuro, pero sus sentidos le habían dado una explicación clara como la luz por los vitrales» (*P* p. 272).   Inicia con la españolita esa «parodia de la función de la reproducción,» el erotismo que es «transgresión de lo útil, del diálogo natural de los cuerpos» como dice S. Sarduy en *Barroco*.   En el tercer encuentro hay otro tipo de interferencias.   Los dos primeros encuentros «habían sido bastos y naturalizados» (*P* p. 275).   El tercero reactúa la lectura de un texto sagrado de la India, «. . . entraba en el reino de la sutileza y de la diabólica especialización» (*P* p. 276).   Con la madona, la sexualidad no solo ha encontrado cauce para un lógico lenguaje erótico, sino que la violencia ejercida por la lectura de un texto sobre tal lenguaje, logra 'desnaturalizar' los términos de la unión.

Al final del Capítulo VIII de *Paradiso* hay otra relación, la del padre Eufrasio y Fileba, la cual revisaremos porque esta unión también guarda una estrecha relación con la lectura previa, además de abrir un espacio de violencia textual por la interpretación oblicua que provoca.   El padre Eufrasio ha leído sobre la concupiscencia según San Pablo, quien dice que «la concupiscencia es una pasión del apetito sensitivo, distinta especialmente del amor del bien (sensible) de donde nace y del deleite al cual tiende.»[6]   El padre Eufrasio libera aquel texto del sentido que lo dictó y lo reinscribe rebelándose contra el promulgador de la palabra.   La concupiscencia surge de la pérdida de la integridad.   El privilegio de la integridad se perdió después del pecado original, cuando la concupiscencia se rebela contra la razón.   El hombre creado por la palabra, resiste la autoridad de la palabra y por la concupiscencia desobedece.   Por lo tanto, la concupiscencia es una «especie de rebeldía heredada de nuestros padres.»   El padre Eufrasio en su lucha contra la concupiscencia está re-inscribiéndola en la sintaxis erótica que establece con Fileba.   Los dos miembros de la pareja se nutren entre sí, si no se atraen pero se necesitan.   El lenguaje que los cuerpos inauguran, encierra en su erotismo una «fuerza conectiva . . . que avanza creando lo que pudiéramos llamar el territorio sustantivo.»[7]   El territorio es el vacío que queda entre los cuerpos.   La ordinaria expresión sexual se ve interferida por la lectura, planteándose en un juego de distancias.   Fileba desnuda es la trama de bienes sensibles, complemento necesario para que Eufrasio pueda «extraer sus intocadas reservas vitales» (*P* p. 292), pero a la vez ese cuerpo es todo lo que él rechaza.   Desea librarse de la incitación para encontrarse en estado de comunicación con un orden ideal, el cual será logrado al enfrentarse y ser capaz de vencer la atracción del cuerpo de ella.   Eufrasio establece una lámina espejeante entre la desnudez de Fileba, ornamen-

to de su cuerpo como cifra de la tentación, y él.   La desnudez es un
fenómeno cultural y no natural.   La fundación de la cultura en
oposición a la naturaleza es la identificación de la desnudez frente al
cuerpo vestido.[8]   Ella es el objeto perdido, mantenido a distancia, sin
embargo, su distancia es una imposición textual, una lectura, una interpretación.   Como pareja, lo que cada uno irradia no encuentra su
complementario apoyo en la «opacidad» receptiva del otro, sino que
en sí mismo surgen y se expanden en sus valores denotativos, hiper-
bolizando el enfrentamiento: redundancia sin finalidad.   Cada uno
de ellos está en soledad.   «Su soledad no consiste en la ausencia de los
demás, sino en que establece con ellos una relación negativa.»[9]   Se
designan a sí mismos como límites.

Volvamos a las andanzas de Farraluque: después de su encuentro
con la madona lectora de textos sagrados de la India, tiene el primer
acercamiento a una experiencia homosexual.   Adolfito estaba «brin-
dando una facilidad externa, pero llena de complicaciones ingenuas
casi indescifrables» (*P* p. 276).   El cuerpo de miquito mostraba
«como una lejana burla sagrada.»   Aunque Adolfito encuentra su
placer en esconderse, señala los límites de la prohibición y la
posibilidad de la transgresión.   La última aventura copulativa, es con
el señor del antifaz.   La máscara no solo quita la identidad al hombre, sino que involucra a Farraluque, lo fuerza a traspasar las
márgenes de sí.   La máscara vacía es un «poderoso incorporador del
mundo exterior» además puede fundir lo asimilado para devolverlo en
«rugidos oraculares.»   La pareja deja de ser diada para volverse un
cuerpo que quiere expresar la totalidad.   Es una memoria, un recuerdo, una repetición de la androginia, símbolo de la perfección de un
estado primigenio.   La androginia es una forma universal y arcaica
para expresar el todo, es la coexistencia de los contrarios.   Mas que
un estado de autarquía sexual, simboliza la perfección de un estado
primordial no condicionado.   La serie múltiple seguida por Farraluque en su progresión, podía lograr la culminación del trazado de los
límites totalizantes de un mundo o sistema, en la figuración de la androginia, en la cual todo se unifica; pero este ilusorio perfil de
totalidad se ve minado por elementos que exigen una lectura más allá
del envolvente ritmo de apresar un todo.   La serie de alusiones que
señalan hacia la androginia, complican, expanden y transgreden su
sentido, cuando la pareja «recordaba esas estampas donde aparece
Bafometo, el diablo andrógino, poseído por un cerdo desdentado» (*P*
p. 279).   Bafometo es un ídolo de la cabeza humana, un dios inferior,
que guía el mundo corpóreo además de participar de sus

goces. Según los enemigos de los templarios, era adorado por ellos en sus prácticas de iniciación. La mención del Bafometo obliga a revisar la distancia, la fisura por la cual la expansión de la multiplicidad se apodera del texto. La pareja es el alcance de la androginia, pero es otra cosa más, un más allá de los límites que marca o pretende marcar esa totalidad.

En la novela *Oppiano Licario*, José Cemí, Ynaca Eco Licario y Oppiano Licario, por medio de su obra, *Súmula, nunca infusa de excepciones morfológicas,* van a buscar un espacio de coincidencias para acercarse a la respuesta, al conocimiento total, al absoluto de la poesía. Después de entregarle la *Súmula,* Ynaca invita a Cemí para que la visite en su casa. Licario le había dicho a su hermana: «*[*Cemí*]* tiene lo que a nosotros nos falta . . . Conocerlo a él será tu mejor fuente de conocimiento» (*O.L.* p. 121). La unión de ambos se plantea como el logro de entrar en el oscuro, incorporar lo 'otro', alcanzar la identidad, como «el éxtasis de la totalidad en la totalidad.» Parece alcanzarse con esta unión un momento similar al todo abarcador de la unión andrógina, pero además de la pareja hay una pizarra que funciona como el Bafometo, instaurando «el mundo hipertélico» (*O.L.* p. 153). Después de un rito inicial, la unión desdibuja sus contornos eróticos para volverse un juego de distintos colores y su movimiento giratorio en una pizarra. En ella se «volcaba lo que pudiéramos llamar el doble, el ka egipcio del placer.» No se trata de un espejo en el que se logra la identidad de su reflexión con la pareja, sino de un pizarrón que a veces se «llenaba de ecuaciones o cálculos parabólicos.» Discos de colores, rayas y espirales en un vertiginoso expandirse y subdividirse, entablan lucha de claros y oscuros desplegando «letras de alfabetos desconocidos, más rápidos en surgir que en sus agrupamientos o cadenetas significativas» (*P* p. 151). «La progresión del Lingam» en su recorrido «genitor» y de energía, desata el juego de círculos que encierra un sistema cerrado al desciframiento, aunque sabemos de qué referente parten. Los caminos de desplazamiento de la energía, recuerdan los modos expansivos de la imagen. Más allá de la unión se configura un sistema de movimiento y color, inesperado, aunque no negativo ni contradictorio, siempre que no se insista en subordinarlo a una identidad. Este juego de círculo coloridos y cambiantes parece postularse como otra forma de expresar la unión de ambos. Una forma compleja de repetir, trastocando el modelo y creando una distancia que no produce lo mismo, sino que intenta buscar una respuesta al signo y reencontrarse así con el 'otro': «Sabemos que tiene que existir una extraña relación entre dos incomprensibles cercanías, pero sabemos también que es inagotable su indescifrable *liaison* . . . sabemos que eso sucede con todas las relaciones que la vida nos presenta, sabemos que sobrepasamos, pero no comprendemos» (*O.L.* p. 38)

El intrincado lenguaje de la pizarra ha absorbido la sexualidad, la ha desnaturalizado y la ha situado en un vacío donde sienta su soberanía e incesantemente establece como ley los límites que lo transgreden.[10] Esta transgresión hecha regla del juego en las novelas de Lezama, es la que nos permite liberar elementos, articulaciones y coordenadas que podrían ceñirse con el fin de conformar un sistema poético totalizador, y sin embargo se encaminan hacia una expansión que obliga a un constante reconocimiento de sus confines.

NOTAS

1. José Lezama Lima, *Introducción a los vasos órficos,* Barcelona, Barral Editores, 1973, p. 148.

2. Ver Michel Foucault, «A preface to Transgression» en *Language, Counter-Memory, Practice.* Selected Essays and Interviews. Ed. with an Introduction by Donald F. Bouchard. Translated from French by D. F. Bouchard and Sherry Simon, Ithaca, Cornell University Press, 1977.

3. *Ibid.,* p. 35.

4. *Ibid.,* p. 30.

5. Desde aquí en adelante uso *P* por *Paradiso,* Buenos Aires, Ediciones de la Flor, 1968, y *O.L.* por *Oppiano Licario,* México, Ediciones Era, 1977.

6. *Diccionario Espasa-Calpe,* Tomo XIV, p. 1007.

7. Severo Sarduy, *Escrito sobre un cuerpo,* Buenos Aires, Editorial Sudamericana, 1970, p. 69.

8. N. Kolakowsky, «An epistemology of the striptease», *TriQuarterly* (Fall 1971), p.50.

9. Octavio Paz, *Signos en rotación y otros ensayos,* Madrid, Alianza Editorial, 1971, p. 197.

10. Michel Foucault, p. 29.

Betrayal in «Tres tristes tigres» and Petronius' «Satyricon»

ARDIS L. NELSON

For centuries there has been an aura of treason surrounding the enigmatic Petronius and his *Satyricon,* which, like *TTT* in our day, succeeds in capturing with verbal brillancy the decadent night life of a great city before its fall.[1] Many aspects of this early prose fiction reappear in *TTT.* Since Cabrera Infante's first reading of the *Satyricon* at the age of twelve or thirteen he has been haunted by the memory of it, and he has said that at times *TTT* tries to be a version of it.[2] After a brief look at some high points of Petronian scholarship, which permit us to compare the *Satyricon* with *TTT,* I shall discuss «betrayal» as a major theme in both works. In his own «Epilogue for Late(nt) Readers,» Cabrera Infante states that the theme of *TTT* is «...three-fold treason (in language, in literature and in love)...»[3] This theme, which permeates the very fibre of the *Satyricon* and *TTT,* helps to underline the basic similarities between the two works.

There are two opposing views on the *Satyricon,* the traditional one interpreting the work as a satire on Nero, whose personality could be seen as being divided amongst the characters of the *Satyricon.* As a proponent of this view, Gilbert Highet considers the *Satyricon* an Epicurean satire, defining satire as *ridentem dicere verum,* «telling the truth in a joke.» Highet believes that the *Satyricon* criticizes Nero's picaresque adventures as recorded in the writings of Juvenal, Suetonious, Tacitus and Philostratus, who provide historical evidence of nocturnal excursions enjoyed by Nero and the noblemen of his court. The *Satyricon* can be seen as «...a gigantic imaginative record of...these slumming trips...» on which Petronius was supposed to have led Nero, who enjoyed visiting brothels and saloons. «Petronius, who slept all day and devoted the night to business and pleasure,» was eventually accused of treason by Tigellinus. Shortly threafter he committed suicide, his last act being that of sending a catalogue of Nero's vices to the emperor himself.[4]

In contrast, recent scholars such as K. F. C. Rose and J. P.

fact been written in order to provide amusement for Nero. The title of the work is only mistakenly related explicitly to satire, as the word used is the Greek for «satyr» and refers only to the erotic content.[5] All the areas of special interest to the Neronian circle are reflected in the *Satyricon:* poetic composition (S, 118), Greek art and culture, a hostility toward Stoics, whose maxims are ridiculed (S. 71.1), debauchery trips, and sexual depravity, graphically accounted for by the universal promiscuity and bisexuality of the characters.[6]

Whichever way you look at it, the *Satyricon* is an admittedly frank narration of «...the behavior of ordinary, i.e. inferior, people and the pleasures of sex,» (S, 132.15), and yet is within «...the Latin tradition ...of satire and its related genres, in all respects but one, namely, the lack of a professedly moral or utilitarian standpoint.» It includes traditional satiric figures such as «aggressively lecherous women and legacy hunters» and «importunate poets and reciters.» The particular form within which Petronius chose to write gave him a great deal of freedom: Menippean satire is a narrative form dating from the Third Century B.C. which allows a mixture of prose and verse as well as «...temptations to artistic self-indulgence and formelessness.» Significantly, «parody and literary burlesque» are a central feature of Menippean satire.[7]

Another genre which Petronius puts to use is mime, an inferior but popular art form which imitates real life and concentrates on «...everyday affairs and language, particularly of the lower classes.» Some features common to mime and the *Satyricon* are colloquial speech, the use of stock figures (like the go-between, the *cinaedus,* and the excluded lover), and themes of imposture and deception. Although he uses subjects and incidents from satire and mime, Petronius treats them in a non-traditional way, as his goal seems to be «...a creative and humorous presentation of an imaginatively realized world.»[8]

This brief introduction to the *Satyricon* should seem somewhat reminiscent of *TTT,* since numerous traces of mime and Menippean satire can also be found in Cabrera Infante's work.[9] Besides their formal similarities, *TTT* and the *Satyricon* share the following: 1) Their presentation as oral literature; 2) Characters who reveal themselves by their own words, their language belying social class, education, apirations, and their state of sobriety or inebriation; 3) Society as the main character: Rome, like Havana, is characaterized by ...«fluidity, untruthfulness, insecurity and ambivalence...»[10]; 4) Development of one character in a more traditional manner, respectively Trimalchio and La Estrella; 5) The use of folkloric elements and folktales; 6) Common themes, such as sexual impotence or frustration, women as sirens, literary parody, friendship and betrayal.

One type of betrayal which exemplifies parallels between these two works is that of misleading others or deceiving one's senses through the wiles of pretence or falsification. According to Rankin, «The *Cena Trimalchionis* is a masterpiece of social pretence and bluff,»[11] the ambience of the banquet being an exhibitionistic display of the host's wealth and social status. The surprises experienced by Encolpius upon entering Trimalchio's house, in which nearly everything turns out to be something different from what it first seems, is notably reminiscent of Arsenio Cué's entrance to the house of the TV celebrity in «los debutantes.» Both characters are betrayed by their senses in the entrance hall: Encolpius is frightened by painted watchdogs (S, 29), while Arsenio comments on the unkempt young man besides him who turns out to be his own reflection in a mirror (*TTT*, 54).

Trimalchio's guests are repeatedly tricked into fearing for the well-being of slaves who are threatened with punishment for various offenses, when a sudden reversal proves it to be an ostentatious joke, for example the incident of the pig which the cook has supposedly forgotten to gut. When the cook is about to be beaten, the pig bursts with a lavish outpouring of cooked meats and sausages resembling entrails. In *TTT* Cué proceeds into the TV celebrity's house where he too experiences uncertainty as to what is appearance and what is reality. This sequence is climaxed with a bluff worthy of Trimalchio: the wealthy host points a gun at Cué and shoots. Characters and reader alike believe him to be dead, until the story is completed many pages later.

The *Satyricon* is ripe with all sorts of deceit and treachery, from such far-fetched cases as Quartilla's concealing her nymphomania under the guise of malaria (S, 16-25), to the rogues' disguising themselves as Ethiopian slaves on board Lichas of Tarentum's ship (S, 100). Likewise, the characters of *TTT* regularly hide their true feelings and seem unable to communicate with each other. At times it is not clear just how much they are actually lying to each other. However, most all of the characters are guilty as well of delation and cheating. A survey of betrayal on the personal level begins with character interaction in «Los debutantes.»

In the first vignette, Aurelita and her girlfriend tell on Petra and her boyfriend in order to hide their own escapades: «Pero siempre

Aurelita y yo hacíamos el cuento y nunca decíamos que nosotras también hacíamos cositas debajo del camión.» (*TTT*, 24) Their spreading the story succeeded in breaking up the relationship between Petra and her boyfriend, and in disgracing Petra and her mother.

Delia Doce's letter provides the first example of self-betrayal in the book. In it we learn of Cuba Venegas' humble beginnings and of her subsequent haughty and rude behavior. She had become more and more disloyal to her origins and her natural self, as exemplified by her change of name, her new appearance and manners, and her carousing with both men and women.

Next, we hear the direct speech of Magalena Crús as she angrily dismisses herself from someone's home, in a situation like that of Cuba Venegas. Breaking bonds with her past, her upbringing, she wants to live in the present moment, to have a good time. Maga also belies interest in other women: «...quien te dijo, dígole, que el casnaval e un hombre, además bailal no e delito, dígole...» (*TTT*, 34)

In a memory from childhood, Silvestre demonstrates a betrayal of literature when he had his brother sell out their father's library to gain entrance to the movies, exchanging the books «...de plomo literario en oro del cine...» (*TTT*, 37) In the same vignette, the child witnesses a shoot-out which presages the worst betrayal of all: betrayal by a friend.

In a phone call to Livia, Beba shows that her life-style revolves around betrayal and deceit. Despite her introduction at the Tropicana Club as Arabella Longoria de Suárez Dámera, she is not married to her escort, nor is she «bella y gentil y elegante.» (*TTT*, 18) Beba is telling Livia that she and Cipriano may have to get married due to his social position, but whether they do or not, she will continue to cheat on the man who is keeping her. As a former roommate of Livia, Beba too must be a master of artifice. On different occasions later on, Cué and Silvestre are shocked by the difference between the appearance and «reality» of females like Livia, Mirtila and Ingrid when seen without their high-fashion clothes and make-up or wig.

Betrayal through lying is developed most extensively in the character Eribó who narrates «Seseribo». He had been a commercial artist for awhile, until the outright lies about his marital and paternal status no longer helped him get a raise in pay. The night Eribó meets and falls for the desirable Vivian marks the beginning of a series of lies and misgivings amongst the tigers. Cué tries to steer Eribó away from Vivian by repeating «ese se acuesta» (*TTT*, 98) to Eribó with the bolero «Miénteme» in the background. Later, when Eribó and Vivian are on a date, Vivian tells Eribó the secret about losing her virginity to Toby.   Although Eribó promises to keep the secret, he does not, thus betraying her trust in him.

In the first sections of *TTT* we have found a predominance of untrustworthiness and unreliability.   I will now show that even friendship, which implies admiration and warm feelings, is not safe from betrayal in either the *Satyricon* or *TTT*.   There is a poem in the *Satyricon* which gives a frankly dim outlook on friendship, and sums up the relationships between Encolpius, Ascyltos, Giton, and later Eumolpus:

> Friendship lasts while there's profit in the name.   The dice are
> fickle; fortune spins about.   But oh, my smiling friends of better
> days, Where was your love, when my luck ran out?[12]

Rivalry in love leads to unfaithfulness amongst the friends, ever involved in an unstable love triangle that frequently results in hysteria, jealousy, suicide threats and attempts, not to mention generally deceitful behavior.   A similar lack of compassion amongst friends in *TTT* leads one to believe that true friendship is impossible in both fictional worlds.   The expected openness and trust of friendship is missing between «Silvestre Ycué» (*TTT,* 222) «el dúo» (*TTT,* 107).   Unfaithful to his original goal of becoming a writer, Cué sold his soul to become an actor.   His constant companion in «Bachata» does not think very highly of Cué if we add up his unspoken comments about Cué, referring to him variously as «el muy pedante elefantino» (*TTT,* 394), «un genio de la última palabra» (*TTT,* 350), «Dipsómano de la distancia» (*TTT,* 358), and «un neurótico del carajo (*TTT,* 350).

While Silvestre and Cué do not present a clear-cut case of a character and his double, all the basic ingredients of the literary theme are to be found in one or the other of the two characters, with rivalry in love precipitating the ultimate betrayal.   «Narciso Cúe» (*TTT,* 349) insists he is not a *doppelganger*.   Nonetheless, Silvestre and Cué are seen as identical by Maga and Irenita: «Uy si son igualitos...» (*TTT,* 412), and one of the favorite topics of Silvestre and Cué is their relationship with each other and their identity.   Cué suffers from «a defective capacity for love», «paranoid ideas of pursuit», and «an obsession with death».   According to Otto Rank, «the double is the rival of his prototype in anything and everything, but primarily in the love for woman...a trait which he may partly owe to the identification with the brother.»[13]   There is a decided rivalry between Silvestre and Cúe regarding Vivian and Laura.   The games of verbal deception, the withholding of information from each other, the continual game of one-upsmanship that predominates the relationship,[14] all point to a deep-seated rivalry beetween Silvestre and Cué.   When Silvestre says «En cada actor hay escondido una actriz» (*TTT,* 308) he gravely upsets Cué, as it is an indirect way of Silvestre's telling him that he knows the story of Cue's having loved and lost Laura.   Silvestre's announcemente of marriage to Laura thus marks the definitive defeat of Cué in this game.

Silvestre's story of Cholo and his rival is interpreted by Cué as an analogy to the relationship between himself and Silvestre, identifying Silvestre as Cholo, and himself as the dead rival, who had in fact drawn and shot first, instigating his own demise.   Cué offers a toast «A la buena suerte y mejor puntería de Cholo.»   The key to their previously symbiotic relationship lies in the symbolism of light and dark: Silvestre says «Es evidente que teníamos nuestras claves del alba y del ocaso.» (*TTT,* 310) Silvestre represents re-birth or renewal, a new beginning, literally, «un nombre de niña (no lo entendí: clave del alba)» (*TTT,*, 445) which refers, of course, to Aurelita at the start of *TTT,* Laura as a child.   While Cué prefigures decadence or ending, thus his death.   A girl had once shown him the morning star which turned out to be a dirty light bulb.   In terms of the «double», Silvestre has found love and a new sense of inner unity, no longer having need of his projected other self who did the driving.   Early in «Bachata» it is intimated that Silvestre does not know how to drive, but now he says to Cué that he is ready to take his place at any time (*TTT,* 362), in other words, to take control of his own life.   As a fellow character, Silvestre betrays Cué in love; as a writer he betrays the friendship in literature, as he says: «¿Quién va a traicionar a su patria o a su matria … para conservar un amigo, cuando sabe que puede traicionar a los amigos y mantenerlos en conserva, como peras pensantes?   Arsenio del Monte … la cubanidad es amor …Silvestre Libbys.» (*TTT,* 443)

While characters in both *TTT,* and the *Satyricon* have a propensity for cool treachery in their dealings with each other, helping to create an atmosphere of expectant uncertainty, in *TTT* the effect is multiplied indefinitely by the «author's» concealment of the plot and by unreliable narrators who betray the reader in numerous ways.   For example, Códac, Eribó, Cué and especially Silvestre speak directly to the reader on many occasions, thus destroying the illusion usually created in a fictional work.   The reader is unable and unwilling to suspend his disbelief when dealing with a narrator of the Tristram Shandy persuasion.   The narrators are also unreliable in the sense that they often mix up time sequences, sometimes present only partial vignettes rather than episodes, and generally cannot be trusted.

Another sort of betrayal is literary parody, for which both Cabrera Infante and Petronius have a flair. The Roman adapts and criticizes material from his contemporaries Lucan and Seneca, his echoing of Lucan generally accepted as being intentionally «bad» criticism.[15] *TTT*'s ephemeral character Bustrófedon is the unwitting narrator of «La muerte de Trotsky referida por varios escritores cubanos, años después...o antes» (*TTT*, 225-255), which parodies the style and themes of seven Cuban authors. More than a master of parody, Bustrófedon is a character who personifies language and whose very existence is an exposure of language and literature as betrayal. Bustrófedon's name is a word which defines an ancient method of writing in which the lines run alternately from right to left and from left to right. The most important things we know about this enigmatic anagrammatist are his attitudes about literature and how they correspond with his activities and his name. For example, the reader of *TTT*, who is ready to accept something impressive after the seven literary parodies, is shocked by «Algunas Revelaciones,» in which Bustrófedon, «...el Capablanca de la escritura invisible...» (*TTT*, 264), reveals and deflates the self-importance of writers in three blank pages.

Constantly involved in «La alteración de la realidad hablada...» (*TTT*, 222) in verbal games with words and proper names, he makes lists with words or neologisms having onomatopoeic or associational values. «Los pro-y-contra nombres» is an hilarious listing of names which defames cultural and intellectual giants of the Western World. This scandalous display betrays the respect usually accorded the greats. Bustrófedon's attitude towards culture and literature seems to be a fortunate blend of a critical sensitivity and «the relajo,» inspiring and at times perturbing his friends by an obsession with words in their pure and chaotic state, and by an insistence that literature is no more important than conversation. He is responsible for saying that «la única literatura posible estaba escrita en los muros... de los servicios públicos...» and that «la otra literatura hay que escribirla en el aire..» (*TTT*, 257). It is not surprising that the conventions of written and spoken language do not concern Bustrófedon, for he seems to have little interest in mundane or even rational communication. He is rather, as described by Códac, the epitome of the surrealist metaphor: «...tenía sobre la mesa de operaciones, finalmente, el paraguas y la máquina de coser *punto final*» (*TTT*, 270). This passage from Lautréamont's *Les Chants de Maldoror* is written in the Boustrophedon method in *TTT*. In the spirit of surrealism, whose fundamental tenets undermine conscious, rational activity, Bustrófedon represents the spontaneous flow of spoken language, as found in folklore or conversation, which dies when analyzed.

In terms of conventional characterization, however, Bustrófedon's very name and the opinion he professes about literature reflect a psychotic personality split: his name is a word which describes a method of writing, and yet he refuses to leave any written work of his for posterity, going so far as to destroy the original tape of the seven parodies. His problem of identity is pointed out by Cué, who muses that of all the palindromes Bustrófedon found, he never came up with «...el temible ... yo soy.» (*TTT,* 358) In light of Bustrófedon's inherent self-betrayal, and his anti-literature stance in a twentieth century novel, he is understandably a sad or trapped tiger, perhaps even «un gran contradictorio.»

In this paper I have taken the liberty of expounding upon Cabrera Infante's admitted preoccupation with the *Satyricon* and of expanding on his own comments on *TTT*'s thematic nucleus: «a treason in language, literature and love.» The author's statement discloses infiltration of betrayal in *TTT* as extending to every level of the book: its medium (language), form (literature), and theme (love). Treasonous attitudes and behavior towards oneself and others are the very essence of the anecdotal and thematic materials in both *TTT* and the *Satyricon,* the fragmentary nature of the texts enhancing an atmosphere of mistrust and uncertainty, which is effected, in *TTT,* by unreliable narrators. While parody as a betrayal of literature occurs in both works, the portrayal of language and translation as betrayal appears only in Cabrera Infante's work. By providing evidence of the close formal and thematic affinities between *TTT* and the *Satyricon* I have illustrated Cabrera Infante's statements on his highly acclaimed labyrinth of treason, *TTT.*

NOTES

1. K. F. C. Rose dates the *Satyricon* in late 64 and early 65 A.D. in «The Petronian Inquisition: An Auto-Da-Fe,» *Arion,* 5, (1966) 289. This date coincides with the epoch in which Titus Petronius Niger was Nero's chosen Arbiter of Elegance. All references to sections of the *Satyricon* in this paper are from J. P. Sullivan's translation: *Petronius: The Satyricon and The Fragments,* Penguin Books, 1974,

unless otherwise specified.   All page references to *TTT* are from the 1971 Seix Barral edition.

2.   GCI says: «*TTT* es ... una traducción fallida del *Satiricón*...» in Albert Bensoussan's «Entrevistas: Guillermo Cabrera Infante,» *Insula,* No 286 (September, 1970); in his interview with Emir Rodríguez Monegal, GCI says: «Siempre tuve el modelo de *El Satiricón,*» in *«Fuentes de la narración,» Mundo Nuevo* No. 25 (1968), p. 47; Also, «La fuente del libro, ha contado Cabrera Infante, está en el *Satiricón* de Petronio...» in Emir Rodíguez Monegal's «Estructura y significaciones de *TTT,*» *Sur,* No. 320 (September-October, 1969), p. 45; Alfred J. Mac Adam has pointed out a basic similarity between the two works: «El mundo de TTT es estéril, a menos que se le considere como origen de una obra de arte --de la misma manera en que el mundo de Encolpio y Giton en el *Satiricón* es un mundo que se revela como sin trascendencia.»   In «*TTT:* El Vasto Fragmento,» *Revista Iberoamericana,* Nos. 92-93 (julio-dic., 1975), p. 552.

3.   *Review 1972* (Winter, 1971/Spring, 1972), p. 28.

4.   This paragraph summarizes the relevant portions of Gilbert Highet's «Petronius the Moralist,» *Transactions of the American Philological Association,* 72 (1941); Quotes are Highet's citation of Horace's phrase, p. 180; p. 190; and Highet's citation of Tacitus' *Annals,* 16.18.1, p. 190.

5.   Rose, pp. 291-92; also J. P. Sullivan in *The Satyricon of Petronius: A Literary Study,* Bloomington, Indiana University Press, 1968, p. 100, states that the original title of the work is *Satyricon libri* (Book of Satyric Matters).

6.   Rose, pp. 294-95, discusses characteristics of Nero's côterie.

7.   This paragraph is summarized from Sullivan, pp. 82-91; quotes from pp. 221, 89, 82, 91, 90, and 90.

8.   This discussion is based on Sullivan, pp. 119-223; quotes from pp. 221 and 264.

9.   Menippean satire is described by Northrop Frye in «The Four Forms of Prose Fiction,» *Hudson Review,* 2 (1949-1950) pp. 582-595.

10.   H. D. Rankin, *Petronius the Artist,* The Hague, Martinus Nijhoff, 1971, p. 39.

11.   *Ibid.,* 41.

12.   This is William Arrowsmith's translation of the poem, from his *The Satyricon of Petronius,* Ann Arbor, University of Michigan Press, 1962, p. 82.

13.   My interpretation of the double in *TTT* is based on Otto Rank's *The Double; A Psychoanalytic Study,* Chapel Hill, University of North Carolina Press, 1971; quotes, pp. 72, 74, 77 and 75.

14.   As Jonathan Tittler has found, the rules of the games played by the characaters in *TTT* tend to alienate and isolate the characters from each other, epecifically by choosing the wrong antecedent to a referent when given a choice, and by talking on a subject of which one character is ignorant, keeping him in the dark as long as possible (J. Tittler, «Intratextual distance in *TTT,*» *MLN* (March, 1978), Vol. XCIII, No. 2, 289.   To some extent this supports the hypothesis of the double, since «...the development of psychosocial intimacy is not possible without a firm sense of identity.»   Erik H.

Erikson, *Identity: Youth and Crisis,* New York, W. W. Norton, 1968, p. 186. The lack of a sense of identity is the root of the problem in the pathology of the double. If the sense of identity were strong enough, the split would not occur.

15. For a detailed discussion of this topic, see «Petronius and his literary Contemporaries», pp. 61-74, and Appendix B: Adaptations of Lucan, 87-93, in Rose's *The Date and Author of the Satyricon,* Leiden, E. J. Brill, 1971.

«Yo no fui»: La poética de la no responsabilidad: «El titiritero» de Gustavo Alvarez Gardeazábal

WOLFGANG A. LUCHTING

Es escritor no desempeña ninguna tarea de importancia social.» J. C. Onetti (*Cuadernos hispanoamericanos,* Nos. 292-294, p. 32). (Los escritores nacieron para cambiar el mundo. Nosotros ni podemos empeorarlo).

«Writers were not born to change the world. We can make it worse.» Isaac Bashevis Singer (*Time*, 3.7.1978, p. 57-58) 292-294, p. 32).

Los lectores que leen ficciones, si también leen las evaluaciones de las ficciones, se topan cada vez más, en esas evaluaciones, con la advertencia de no confundir ni al «narrador», implícito o manifiesto, ni al protagonista, principal o múltiple, con el autor. O los lectores se ven advertidos de evitar la identificación de uno o de diversos puntos de vista o de cualquier actitud y/o cualesquier opiniones dadas, con las del *écrivain,* de aquel que pone palabras en el papel a fin de construir un pequeño o ancho mundo adicional al que comúnmente tenemos a nuestra disposición o en mente cuando decimos «mundo.» Palabra y mundo debemos mantenerlos separados, se nos dice, del mismo modo como ficción y realidad, o como mentira y vida.

Bien; pero «¿no era un personaje de O'Neill que mostraba cómo la vida y la mentira *[life, lie]* están apenas separadas por una sola inocente letra?» como Cortázar le hace decir a un reciente personaje suyo.[1] Y, ¿qué de la hoy ya más manoseada frase de Flaubert: «Madame Bovary, c'est moi»? Y, ¿qué de las innumerables observaciones similares hechas por los novelistas sobre la relación entre sus vivencias (vitales o culturales), el «elemento añadido» (Mario Vargas Llosa), y la ficción resultante?

Es cierto: una ficción puede efectivamente presentarse como una *Rollenerzählung,* es decir: puede contener a un narrador entre los personajes que pueblan su discurso narrativo. Sin embargo, aun en este caso, los sucesos narrados por aquel que asume el rol de un «narrador-personaje,» se basan en última instancia en las diversas vivencias del que realmente (físicamente, digamos) escribe, a mano o a máquina, es decir: por aquel que en cierta manera *habla,* narra, y que al hacer esto *estructura* su historia más los «elementos añadidos» de tal manera que logran lo que el narrador considera el producto narrativamente más eficaz.

En otras palabras: aunque estuviésemos dispuestos a aceptar, *ad hoc,* la separación entre narrador y autor, aquel es siempre *también* el producto de una conciencia, la del autor: «Su ingenio lo engendró, y lo parió su pluma, y la novela va creciendo en los brazos de la estampa.»[2]

Posiblemente, esta aclaración preliminar suene simplista;pero cuando su contrario está siendo elevado al estatus de una categoría poética, mi sacarla a la luz de la memoria acaso sea útil.

Por ejemplo, en *El titiritero.*[3] Esta novela del joven colombiano, segundo en importancia en ese país según una reciente encuesta, Gustavo Alvarez Gardeazábal procura conspicua y afanosamente, mediante la inserción en ella de un supuesto «escritor» de la novela, negar la conexión entre «mundo» (*world*) y «palabra» (*word*) y trata de establecer las partes narrativas del libro como de responsabilidad exclusiva de ese *écrivant* ficticio. Esto limita a la vez esta responsabilidad misma. La consecuencia es una lectura altamente ambigua de *El titiritero.*

En vista de los temas de la novela, y son mayormente políticos, su «consumidor» ya sea termina inseguro respecto a cómo interpretarlos, o elude la interpretación del todo y se contenta con los comentarios sobre «su» novela que ofrece el narrador ficticio. En ambos casos, el lector es naturalmente influenciado por sus propias vivencias, actitudes y opiniones. Como lo es el lector de cualquier texto. Si el lector es, además, colombiano, o de Cali (residencia de Alvarez Gardeazábal), aumenta la probabilidad de que equipare al «escritor» *en* la novela con el autor *de* (o *fuera de*) la novela, o sea: con Gustavo Alvarez Gardeazábal, cosa precisamente que éste deseaba evitar, como comprueba irrefutablemente una entrevista con él, sobre la que volveré más adelante.

¿Por qué ese deseo? Un lector atento de *El titiritero,* descubrirá lentamente un esfuerzo bastante intenso, casi laborioso, de Alvarez Gardezábal, de crear, en virtualmente todos los decisivos sintagmas narrativos de la novela, un vacío, una ausencia de cualquier elemento que pudiese relacionar el «mundo» del autor con sus «palabras.» Lo mismo se da, y no sorprende, dentro del «mundo» ficticio, es decir: en el espacio y el tiempo de la novela y, en ellos, el «mundo» y las «palabras» ficticios del escritor ficticio. Digo que este paralelismo no sorprende, porque el mundo de un artista siempre estará presente en sus obras, *volens* (directamente) o *nolens* (dialécticamente); y el mundo de un narrador, en sus palabras.

Exceptuando, significativamente, a los «malos» (*an*tagonistas tanto del escritor *en,* cuanto él *fuera* de la novela, así como de sus «héroes» restantes), ninguno de los protagonistas es presentado como *confiable,* ni en sus acciones ni en sus palabras; y tampoco es *confiable* su creador supuesto, el novelista «interior» (un profesor emérito de literatura en la Universidad del Valle). *No existe ninguna responsabilidad,* de nadie. Ni siquiera entre los «malos,» si bien en el caso de ellos este defecto es por supuesto el ingrediente principal de su «maldad»: no tienen escrúpulos. Esta ausencia de responsabilidad, tan ubicua en *El titiritero,* es evidentemente el producto de una labor consciente. Quiero decir que Alvarez Gardeazábal ha escogido la no responsabilidad como instrumento de la poética. De allí, el título de este texto.

He aquí la trama de *El titiritero:* en el centro están las circunstancias de una rebelión estudiantil (basada en historia reciente: los eventos en la Universidad del Valle en 1971) y sus consecuencias. Adapto y abrevio aquí la sinopsis efectuada por Efraím Lezama:[1]

El titiritero es el montaje, en /cada vez/ siete escenas, de seis historias. /Estas/ se identifican con un número, del 1 al 6 . . . Las historias . . . son:

-/en los siete capítulos con el número 1, la historia del/ «Jalisco,» un estudiante /y eximio volibolista/ cuya vida relata . . . el novelista.

-/en los siete capítulos con 2, la historia de/ la «U» revolucionaria, /historia/ comunicada al lector utilizando formas y lenguaje de radiodifusión y de /radio-/ teatro.

-/en los siete con 3, la historia de/ «La Vietnamita» /alias María Cristina o Vicky/, en narración directa /y/con monólogos de la joven frente a los médicos de un hospital siquiátrico.

-/los siete con 4, son la historia del/ rector Alfonso Ollano, novelada con recuentos . . . en tercera persona.

-/los capítulos con el número 5, presentan al/ profesor emérito /y son/ la intromisión del novelista /¿del ficticio? ¿y del real?/ a confesarse, escribiendo en primera persona, con la intención de coparticipar como personaje novelesco (pp. 227-28).   Con el pretexto de conducir al lector . . . , interfiere el relato . . . para explicar su técnica, para criticar a los críticos, para aparentar erudición, para atar cabos y para dar testimonio de la lucha que todo autor sostiene consigo mismo al tomar experiencias propias y sucesos reales para novelarlos en forma coherente . . . .   Y el profesor es simplemente el titiritero (p. 235).

-/Finalmente, los capítulos con el número 6, son/ la investigación /de los sucesos/, contada en el estilo periodístico con testimonios recogidos en entrevistas y con revelación de documentos /ambos ficticios, por supuesto, y recogidos por el profesor/ (p. 228).   Y *así el profesor no da la impresión de estar novelando sino historiando* (p. 236; mi énfasis).

No responsabilidad: El uso que Alvarez Gardeazábal le da como instrumento de la poética narrativa se desprende claramente ya de algunas partes de la sinopsis hecha por Lezama.   Así, por ejemplo, cuando menciona los monólogos de Vicky ante los siquiatras *en un manicomio*.   Esta ubicación de sus palabras las hace inasibles por los medios comunes de juicio.   Vicky fue violada y golpeada por catorce soldados (bajo órdenes, por supuesto: un caso más de la no responsabilidad) cuando los militares «liberaron» a la rectoría ocupada por los activistas estudiantiles encabezados por «la Vietnamita.»   Como resultado de este «fusilico,» Vicky se volvió loca y fue recluída en el manicomio por sus padres.

Un lector cuerdo, confrontado con los monólogos (muy divertidos) de la muchacha mentalmente descarrilada, inevitablemente tiene serias dificultades en saber cómo juzgarlos (y recuérdese que tenemos que ver con una novela *política,* o sea: una que *requiere* que se la juzgue).   Más aún, el lector es impedido intencionalmente de formarse una opinión sobre Vicky y sus actividades siquiera pre-locura.   Pues hasta las secuencias objetivas (las en tercera persona sobre ella), que describen a ella y sus acciones, políticas o no, y finalmente su violación, prohiben cualquier toma tradicional de posición por parte del lector, puesto que esos pasajes son contados, una vez más, por boca de terceras y cuartas personas, nunca directamente por boca del profesor-narrador; a saber: son contados por el personaje en un radio-drama, un huachiman (quien sería la cuarta persona).   Autor del drama es . . . ¡Gustavo Alvarez Gardeazábal (la tercera persona)!   Y el profesor (segunda persona) ha incluído el drama en «su» novela, mientras que Alvarez Gardeazábal, la primera persona, ha inventado al profesor. Es mediante aquel radio-drama que el verdadero autor de *El titiritero* llega a ser vinculado expresamente con uno de los *énoncés* de la novela, y, como se verá, con un *énoncé* muy importante. No obstante esta importancia, el vínculo permanece tenue, pues (1) el drama es una *ficción;* (2) es identificado como texto de Alvarez Gardeazábal por el profesor *fícticio.* Se ve el escritor dentro de la novela emplea los trucos del autor fuera de ella. La responsabilidad retrocede cada vez más como un espejo visto en un espejo.

Otro ejemplo de la no responsabilidad--dejando de lado ahora la sinopsis de Lezama--se da en la manera cómo es presentada la motivación que lleva a Vicky a sus actividades radicales. El profesor de literatura, para quien seguramente la ambigüedad es un fenómeno familiar, debidamente emplea una motivación ambigua. La explicación de Vicky misma no es menos dudosa: ella ya es loca cuando la ofrece. Sea como fuere, las razones que en última instancia parecen haberla decidido a hacerse «la Vietnamita» son (1) que alguna vez tuvo un encuentro sexual maravilloso con un revolucionario; (2) el que su padre, por ineptitud profesional, quitó a su familia su status social y financiero, lo que a Vicky, posiblemente después de (1) ha hecho concebir el radicalismo político como un medio apto para arrastrar al resto del «establishment» al presente status y nivel bajo de ella misma, o, si se prefiere, también como un medio para acceder a un liderazgo político en vez de uno social, uno al margen en vez de uno dentro del establishment. Como dijo César Vallejo, «no sé muy bien si las revoluciones proceden, en gran parte, de la cólera del paria» (Carta a Pablo Abril de Vivero, 17 de marzo de 1928), «cólera» que García Márquez hace al Padre Angel en *La mala hora* calificar de «envidia.» Sea como fuere, esa ambigüedad mencionada de la motivación sin embargo es parte de la visión que Alvarez Gardeazábal tiene de los «héroes,» visión sobre la que volveré.

En este contexto de la caracterización, es preciso echar una mirada al «Jalisco» (o Edgar). En su caso la no responsabilidad y la ambigüedad intrínseca de las proezas heroicas coinciden. A fin de lograr esta coincidencia, el profesor busca refugio en el determinismo. El padre de Edgar fue muerto por los «conservadores» (en la acepción colombiana de este término) durante «la Violencia» cuando Edgar era un niño. Crece como ser enteramente apolítico, llega a ser un volibolista excepcional en la Universidad del Valle, e incluso entonces y en el ambiente universitario no muestra ninguna conciencia política ni ningún interés social. Es el curso de la represión militar de la revuelta estudiantil, Edgar llega a ser testigo de cómo un soldado maltrata a una colegiala brutalmente. En este mismo momento, se le impone una visión de su padre, quien señala la brutalidad. Es esta visión la que decide a Edgar a participar en la violencia defensiva de los estudiantes, contra los soldados, combate en que fue muerto. Pero la decisión de Edgar *no* se basa en ninguna convicción *política y/o propia;* más bien, los lectores debemos interpretarla como derivada de algo como una ética hereditaria o heredada, de una sensibilidad moral que reacciona cuando la conciencia de Edgar ha sido despertada por el recuerdo de su padre. Es una reacción contra un comportamiento inhumano como tal, fuera de contexto político: contra el maltrato que el soldado le depara a la colegiala.

Esto implica, por supuesto, que la ética de uno es determinada por la historia moral de uno o de la familia de uno. *Sequitur* que, una vez más, no tenemos que ver con ninguna--ciertamente con ninguna individual--responsabilidad. Más aún, la apoteosis de Edgar, más tarde, cuando se le convierte en un «héroe» y «mártir« de los *événements,* en realidad está basada en un concepto completamente equivocado de las razones detrás de su «sacrificio.» Y este malentendido subrayaría, además, una no responsabilidad adicional, a saber: aquella de quienes, anualmente en el caso de Edgar, celebran y conmemoran las acciones «heroicas» de una u otra clase durante los *événements.* En última instancia, no puede caber ninguna duda, esto constituye a su vez una dura crítica de los mitos políticos en general. Respecto a Alvarez Gardeazábal, hay que admitir ahora que el profesor-narrador, después de lo expuesto, no parece ser tan mediocre como el autor real nos lo quiere presentar.

Veamos ahora la manera en que es narrada la vida del «Jalisco» hasta su muerte, en especial esta última. La época temprana de esa vida es narrada objetivamente por el profesor (en tercera persona). En efecto, en estas secuencias tempranas--concernientes al velorio del padre de Edgar--el muchacho no es nada más que una figura subsidiaria. Sólo a partir de un cierto punto en la serie de capítulos numerados con el número 1, Edgar se expresa en sus propias palabras, y esto en un número de monólogos largos, intercalados con frases dirigidas a una de sus muchas tías. Recién transcurrida una buena parte de los monólogos, se da cuenta el lector de que éstos se ubican en ultratumba: los enuncia Edgar *muerto.* A mí, esto me parece una ruptura seria en una novela de la que Lezama dijo que quería *historiar.* Pero, ¿a quién echarle la culpa por este defecto (o sea, el efecto rulfiano)? ¿Al profesor? ¿A Gustavo Alvarez

Gardeazábal? Una vez más: no responsabilidad; al menos si aceptamos la separación entre autor y narrador. Alvarez Gardeazábal
mismo califica el empleo del efecto rulfiano por parte del profesor,
también da muestra de la mediocridad. Además, exactamente como
en el caso de los soliloquios de Vicky, el lector que aún vive no tiene
cómo asumir una actitud frente a los recuerdos y reflexiones de personajes que hablan desde la versión del Hades inventada por el profesor o por Alvarez Gardeazábal; tiene que aceptarlas, pues
rechazarlas es, ostensiblemente, un rechazo del profesor-narrador, y
él es un personaje de la novela de Alvarez Gardeazábal. Y así la cosa
va en círculos: achacándole los lectores el efecto rulfiano al autor
real, éste sólo replicaría que sirve para caracterizar al profesor. Entonces, ¿por qué encargarle a este personaje supuestamente mediocre
un tema político de gran envergadura, por qué no asumir lo enunciado
sobre el tema directamente? En el mejor de los casos, al lector le
queda únicamente recriminarle al profesor por «aparentar erudición,»
como dice Lezama en su sinopsis. Pero, y además, ese profesor
«aparenta» haber escrito la novela en 1986: ¡quince años después de
los sucesos! ¿hasta qué grado es posible llevar la no responsabilidad?

Ahora quisiera dirigir la atención a lo que Lezama llama la
«investigación» (los capítulos numerados 6). La serie consiste principalmente de testimonios directos (cuya veracidad, es obvio, a
menudo debe ser puesta en duda, en especial cuando los ofrece la ban-
da de los «malos»). Son testimonios de los sucesos, que el profesor
ha coleccionado a medida que llegaron a sus manos, solicitados o no,
a través de los años y en preparación para su escritura de *El
titiritero*. Si bien posan como documentos históricos, son,
naturalmente, ficticios y partes de una ficción. Pero, ¿lo son de verdad? La novela pretende ser una *denuncia,* procura ser
política. Esto le es posible sólo si denuncia realidades históricas o co-
actuales, si bien éstas pueden ser presentadas ficcionalmente, es
decir: disfrazadas o hasta deformadas, como corresponde a una
novela moderna que no quiere reflejar, sino crear la realidad, y en sus
propios términos.

Ahora bien: surge la pregunta si este disfraz no hace el juego de
lo denunciado o los denunciados. ¿No les facilita a éstos el alzar los
hombros y hacerle caso omiso a la denuncia, calificándola
simplemente de ficción, del mismo modo como Alvarez Guardeazábal
se distancia de su ficción y coloca el peso de ésta sobre el narrador?

¿Qué, entonces, y otra vez, qué de la responsabilidad? ¿Quién,
al final es responsable de qué?

Dentro del contexto de la no responsabilidad como instrumento de la poética narrativa, creo que confrontamos en *El titiritero* lo que quisiera denominar una «no responsabilidad múltiple.» De al menos dos manifestaciones de ella podemos decir que forman una interesante proporción, una proporción, por lo demás, que penetra al escudo del último autor, de Alvarez Gardeazábal, escudo que emplea a fin de tener siempre las responsabilidades en la novela a una distancia constantemente inofensiva. Esta proporción, este escudo, no son por supuesto sino una metáfora del mundo burocrático estatal: nadie nunca es responsable en él de nada. Y la mayoría de las universidades colombianas expuestas a las demandas de los estudiantes, son estatales.

No obstante, del mismo modo que los lectores no estamos obligados a aceptar la veracidad de la documentación que el profesor maneja, así tampoco carecemos de la justificación para mostrarnos escépticos frente a la interpretación o explicación de los sucesos específicos (no metafóricos), originales, o sea la rebelión estudiantil y sus usos y abusos escondidos por parte de las autoridades reales en Cali real o en Bogotá real. Es precisamente la tensión entre los eventos reales y su tratamiento ficticio (aunque éste pretenda manejar una documentación histórica), la que frustra la intención documentaria. Resultado extraño, por cierto, de una novela todo-desmistificadora.[5] Lo que para Gustavo Alvarez Gardeazábal son conjeturas, lo *postula* como real mediante recursos propios de la historiografía; pinta como históricos y documentalmente verificables los eventos en el mundo ficticio creado por el novelista ficticio. Así Alvarez Gardeazábal hace del profesor-novelista un *titiritero,* del cual él mismo es el supremo titiritero, una especie de dios de la creación (narrativa). Hace al profesor hacer lo que él mismo hace. Pero, al fin y al cabo, *¿quis custodiat custodiam?* El intentar hallar una respuesta a esta pregunta clásica, abriría un campo clásico de respuestas, probablemente poco sospechadas por el mismo Gustavo Alvarez Gardeazábal: ¿Dios como autor último?

Siempre existe entre los lectores y los narradores un acuerdo tácito, aquel de no cuestionar las *ficciones* de estos, de aceptar su «*lie*» (mentira) como «*life*» (vida). Dentro de este acuerdo, Alvarez Gardeazábal manda al profesor utilizar documentos que han de respaldar la lectura de Alvarez Gardeazábal mismo de la realidad.

Con esto, alcanzamos la mayor proximidad entre el novelista verdadero y el ficticio, acaso hasta una superimposición. Antes de investigar las implicancias de esto, quisiera echar una mirada a la serie de capítulos numerados 4, que trata del rector de la Universidad del

Valle, Alfonso Ollano.

En esta serie, cualesquier intentos de no responsabilidad están descartados. la narración consiste, como dice Lezama, de «recuentos que hace el autor *[¿cuál?]* en tercera persona,» es decir, en la manera más tradicional de establecer autoridad narrativa o al menos responsabilidad: conlleva «objetividad» (y esto a pesar del hecho de que el profesor se ensaña con los personajes relevantes de la serie). Es la manera narrativa que al lector no le deja sino una alternativa: aceptar la historia o rechazarla, sea ella política o no. Como he mencionado, los capítulos numerados *4* se distinguen por contener a casi todos los perseverantemente malévolos de la novela, principalmente a Ollano mismo así como a su secretario y, más tarde, su «relacionista público,» Mario F. Césped (¿«se deja pisar»?). En vista de todo lo que hemos visto hasta aquí, esta concentración de los «malos» es perfectamente comprensible, si bien no exactamente sutil. Al emplear--el profesor o Gustavo Alvarez Gardeazábal--el punto de vista «más cumplido, responsable,» el más «convincente,» los «malos» resultan los peores de manera más convincente a la vez que la ambigüedad básica de tanto las motivacions cuanto las acciones de los otros personajes principales («Jalisco,» «la Vietnamita,» hasta el profesor *emeritus*) llega a debilitarse un poco gracias al contraste con aquellas acciones de los «malos»: los «buenos,» de alguna manera, resultan «mejores» aún, más simpáticos, tal vez hasta más «heroicos,» o en todo caso víctimas más lamentables. Por la misma dialéctica, los «malos« devienen más negros, victimarios más puros y más primitivos, en una palabra: más ricamente «odiables.»

Aquí es inevitable que se mencione la noción que Alvarez Gardeazábal cultiva del «héroe,» noción que se expresa tanto en *El titiritero* cuanto en las propias declaraciones de Alvarez Gardeazábal. Es esta: lo que solía ser, clásicamente, el héroe--el de las proezas en beneficio de una justa sociedad o en contra de ella si era injusta-- ha sido reemplazado hoy en día por el «héroe» deportivo, el futbolista por ejemplo, así como por el actor de cine o el cantante folklórico popular. Por ello es que, en *El titiritero,* es «Jalisco» al que se le convierte en y recuerda como mártir *político*. Astronautas, America Latina aún no tiene. A Vicky, *no* se le declara como mártir político: no era heroína de ningún deporte.

Así la trama propiamente dicha del libro, comienza con las preparaciones para una ceremonia recordatoria (en 1986!) celebrando el supuesto sacrificio ofrecido por «Jalisco» a favor de la causa de los estudiantes (cosa que su muerte definitivamente *no* fue), y termina con la ceremonia misma. Vicky, al contrario, cuyas actividades (si bien motivadas de manera dudosa) eran dictadas expresamente por su conciencia política y su afán revolucionario, y cuyo *martirio* (si se me permite abusar de este vocablo) era y es infinitamente más largo y horrible que el supuesto martirio de Edgar, y que por ello hubiese merecido mucho más ser recordado y sus sufrimientos subsiguientes ser celebrados *pour épater le bourgeois,* esta Vicky, la «Vietnamita» de hace 15 años, es olvidada completa y rápidamente y nunca se aproxima siquiera al estatus heroico que le es conferido al (irónicamente) *a*político Edgar.   Claro está: aparte de no haber sido estrella de ningún deporte, Vicky tiene otro defecto my serio: es mujer.   Aquí, la no responsabilidad, para no decir la ceguera o hasta la decepción malévola o alevosa, reside al lado de los líderes políticos de los estudiantes, o con los ideólogos de las revoluciones en general.

Creo que la ligazón que el profesor o Alvarez Gardeazábal establece entre el deporte, el «show-business,» y la política, es inteligente y muy tópica (piénsese tan sólo en el último «Mundial de Fútbol» en Argentina), y es, además, que yo sepa, una ligazón que hasta ahora nunca ha sido elaborada en la narrativa hispano-americana.   Mario Vargas Llosa, cuando fue entrevistado para obtener sus opiniones sobre algún partido futbolístico entre el Perú y otra nación futbolísticamente henchida, ¡*las dio*!

Con esto he llegado a un punto decisivo en mis dudas respecto a la ruptura en la relación entre autor y narrador.   Pues, como fácilmente podría objetarse o acaso ya se ha objetado, el tratamiento no muy sutil que el profesor le aplica al rector Ollano y sus secuaces, es posible que haya sido planeado, ya con más sutileza, por Alvarez Gardeazábal como una contribución a la caracterización que él desea imponer a su titiritero (el profesor) en tanto que uno de los personajes del libro.

Pero, entonces, ¿cómo debemos interpretar la coincidencia que existe entre las visiones que mantienen *tanto Alvarez Gardeazábal como el profesor,* del héroe moderno?   Especialmente si, como lo comprueba la entrevista ya mencionada, aquél considera al profesor un ser detestable.   Una vez más, nos vemos confrontados con una superimposición del autor real y el ficticio, exactamente como confrontamos, líneas arriba, una tal superimposición en el caso de la proporción de los empleos que cada uno de los autores le dio al recurso de la documentación.

Es inevitable ahora mirar más de cerca la secuencia de los capítulos numerados 5, aquéllos en que el profesor se comunica directamente con el lector.   La mera existencia de la secuencia refleja la cada vez más penetrante tendencia reciente de los novelistas de *mostrarnos* su novelar en sus novelas (piénsese en la última de Mario Vargas Llosa, *La tía Julia y el escribidor*).   No obstante, y como se verá por las declaraciones del mismo Alvarez Gardeazábal, las secuencias profesorales del autor ficticio las debemos considerar *dispensables*.

Pero primero otra palabra sobre mi preocupación principal en este texto: la no responsabilidad como recurso de la poética narrativa.   Si aceptamos, transitoriamente, la ruptura entre Alvarez Gardeazábal y el profesor, entre el autor de *El titiritero* y su títere, nos hemos de preguntar: ¿por qué el profesor--quien durante 25 años de enseñanza de literatura nunca ha escrito ficción alguna (ni corta ni larga)--por qué se siente impulsado a hacerlo ahora y por qué con este tema?   Existen respuestas ostensibles, pero la verdadera es la que menos tiene que ver con los motivos del profesor: Gustavo Alvarez Gardeazábal necesitaba a éste.   El profesor es el recurso por ecelencia de la no responsabilidad.   Pero aun así Alvarez Gardeazábal tenía que motivar al profesor. ¿Cómo? Simple: el profesor quiere escribir una novela de protesta (y de venganza, de paso), quiere denunciar algo.   Exactamente como Alvarez Gardeazábal mismo.   ¿Por qué entonces el profesor esperó hasta ser *emeritus,* todo lo contrario de Alvarez Gardeazábal (al escribirse esto)?   Porque era demasiado peligroso para el profesor hacerlo antes, mientras aún ejercía la docencia activa.   Cada tanto, el profesor-protagonista alude a su familia, esposa y dos hijas, como explicación del haberse mantenido callado tanto tiempo.   Ellas se hubiesen muerto de hambre, como reza el clisé literamente en *El titiritero.*   La implicancia inevitable es, por supuesto, que Alvarez Gardeazábal quien todavía ejerce la docencia y cuya persecución por parte de los estudiantes y profesores tuve la mala fortuna de observar en Cali en 1977, poco después de la publicación de *El titiritero* (la persecución por parte del profesorado y la administración de la Universidad del Valle, la observé en agosto de 1978: le negaron el período sabático), la implicancia es que ese Alvarez Gardeazábal está dotado de más coraje que su títere.

Lo que escribió éste, entonces, no es una novela de protesta o denuncia--es Alvarez Gardeazábal quien la ha escrito--sino una novela de venganza.   El profesor ha permanecido no responsable vis-à-vis su conciencia durante 15 años.   Por el otro lado, el profesor sí mostró responsabilidad--la única responsabilidad en toda la novela--mediante su consideración por su familia.   Como los otros en el libro, él tampoco es ningún héroe, si bien su actitud ha de ser ciertamente comprensible por parte de los lectores, a pesar del ingrediente de clisé que esa actitud contiene.

Aun así, al final no nos podemos sustraer del hecho de que el profesor es un títere en las manos del titiritero Alvarez Gardeazaábal. ¿Cuál, entonces, *es,* en última instancia, la actitud de éste hacia su profesor?

Cuando traté de la novela por primera vez en un seminario para graduados, en el otoño de 1977, los estudiantes enviaron a Gustavo Alvarez Gardeazábal un cuestionario largo, algo confuso, cuyas preguntas en una que otra forma volvieron cada tanto sobre la relación entre el autor y su profesor. Las respuestas de Alvarez Gardeazábal, en casette, dejaron perplejos a los estudiantes (y a mí). Ni el espacio ni el tiempo permiten la reproducción aquí de los muchos pasajes relevantes al problema que estoy estudiando en estas líneas. Quisiera, por consiguiente, parafrasear y abreviarlos, y ofrecer su tenor dominante.

Alvarez Gardeazábal parece despreciar a su profesor; lo llama mediocre, pretensioso, apolillado, un típico profesor universitario, impotente como narrador, imitativo (piénsese en las secuencias rulfescas), y muchas otras cosas peores. En otras palabras, Alvarez Gardeazábal descalifica a su protagonista-narrador repetidas veces y en términos nada imprecisos.

Como se ve ahora, la cuestión de la relación entre autor y narrador se impone irreprimiblemente. ¿Tenemos que ver con una especie de esquizofrenia narratológica? Sin duda, tendencias forman parte de la naturaleza de cualquier narrador (si bien se las solía llamar «los poderes de la imaginación,» «empatía,» o, con Cervantes, «ingenio»). Pero, ¿una esquizofrenia de tal grado que toda una novela, supuestamente el producto del «ingenio» del profesor, derive al final en algo que se debe descartar? Entonces, ¿por qué Alvarez Gardeazábal consideró que valía la pena escribir *El titiritero*? ¿Pretendía que fuera un objeto del pop-art?

Estas preguntas (junto con otras que podrían presentarse al lector) se hacen tanto más importantes cuanto más miramos las reflexiones que el profesor nos depara sobre el arte, el oficio, los dilemas, problemas, etc., del novelar. Pues son, la mayoría de ellas, eminentemente razonables, interesantes, y a veces reveladoras. Lo que es más, muy a menudo concuerdan, llamativamente, con las codas que el mismo Alvarez Gardeazábal, en una que otra ocasión, ha expresado sobre su arte.

De modo que, ¿cómo «leer» la denigración de su protagonista por parte del autor? ¿Es el uso que le da al profesor en realidad el último y decisivo recurso poetológico de la no resonsabilidad?

La respuesta a estas preguntas es difícil. Pues, al fin y al cabo, debemos recordar que *El titiritero* es altamente político. Denuncia severamente, a veces hasta con odio, un sistema político y sus efectos sobre la vida universitaria. Más aún, no es sólo el sistema que es atacado y ridiculizado, sino también la ideología de la cual el sistema deriva. No alguna ideología específica. La novela descubre las maquinaciones de muchas ideologías, de derecha, centro, o izquierda, estudiantes y docentes izquierdistas, profesor-novelista centrista, «malévolos» derechistas. Pero, ¿qué queda al final? ¿En qué posición deja esa asamblea de títeres al final todos sin cabeza, asamblea cuya base ideológica en última instancia siempre resulta ser la no responsabilidad? ¿Dónde deja a Gustavo Alvarez Gardeazábal?

La «motivación» inyectada al «Jalisco» ofrece acaso una indicación: su participación en la pelea de los estudiantes contra las fuerzas de la represión emana de una disposición natural en él para ejercer simple decencia humana: cuando un soldado maltrata a una colegiala con la culata de su fusil, llega a hacerse valer una «ideología» que es considerablemente más antigua que aquellas que trituran a la Universidad del Valle, a Cali, a Colombia, a América Latina en general, incluso a otras áreas de la geografía política. Y esa afirmación de valores humanos es simbolizada, en el caso de Edgar, por la transmisión del impulso ético manifiesto en la repentina visión que tiene de su padre, quien explícitamente señala la escena del ultraje. Es un impulso que podemos llamar «humanista,» término no muy bienvenido hoy en día entre los escritores colombianos y otros *engagés*. Para ellos, el humanismo huele a iglesia, a los abusos indudables cometidos por el clero a través de siglos, abusos, que figuran prominentemente en las otras novelas de Alvarez Gardeazábal. Pero, por otra parte, el clero, la iglesia, la religión católica, apenas si figuran en *El titiritero,* y es por primera vez que sucede esto en la obra del autor (si exceptuamos algunas imbecilidades sicofantes que pone en escena el rector Ollano; pero ellas lo caracterizan a él, no a la iglesia).

Lo que Edgar nos revela, entonces, algo sorprendentemente, es una última responsabilidad hacia valores humanos *innatos* (tal como Alvarez Gardeazábal los ve), valores que no podemos sino admitir que los ha propuesto la fe cristiana (entre otras) y que esa fe ha conservado, teóricamente, a través de un buen número de siglos.

Es una lectura final extraña de una novela cuyo autor ha proclamado públicamente que la religión era «un estorbo para pensar y corté del todo con ella.»[6] Tal vez sea cierto. Pero me permito dudar de que un tal «cortar del todo» con la religión sea posible, especialmente en una persona que, de niño y durante mucho tiempo, solía ser imbuída intensamente con la religión católica por parte de su madre; una persona que inclusive «como niño de cuatro años se divertía solemnemente celebrando misa y diciendo sermones»[7] y que, además, ha dicho: «Tanto se me dio con lo de que Cristo se sacrificó por nosotros que terminé sintiéndome profundamente culpable y deseando ser azotado y crucificado como Cristo.»[8] Posiblemente, una ruptura como la que proclama Alvarez Gardeazábal será factible conscientemente; pero, ¿subconscientemente? Y es el subconsciente el material del que nacen las novelas. Quizá es ese subconsciente el que «ve» el mundo lleno de «pecadores,» cuyo pecado es, precisamente, la no responsabilidad.

Se sobreentiende: estoy conjeturando. No obstante, quisiera preguntar: Gustavo Alvarez Gardeazábal, al denunciar ese estado pecaminoso de cosas, ¿no se ve acaso una vez más como una especie de Cristo, en todo caso como un títere de Dios, como un ser que, mediante su denuncia, logra la responsabilidad y atrae los «azotes» y la «crucifixión» a manos de aquellos que «no saben lo que hacen»? El autor ha dicho de su niñez religiosa: «indudablemente de allí viene mucho de mi masoquismo.»[9]

Pero, claro, habiendo «cortado» con la religión, había que cortar tambien con la ligazón con ella que acaso se pudiera detectar en la novela, la ligazón entre el afán humanista originándose en la «ideología» del cristianismo, y el autor. Y al sustituto del autor, al profesor, había que «azotarlo,» despreciarlo, denigrarlo, supuestamente a fin de tener recurso al humanismo como instancia de la última responsabilidad; había que castigarlo por haber enunciado lo que Gardeazábal mismo fue impulsado a decir: que la última responsabilidad reside en una fé humanista, tal como la administra la iglesia (con la que el autor dice haber «cortado»). Se da de esta manera un paralelismo entre autor y narrador, como lo vimos igualmente en la coincidencia entre las reflexiones narratológicas del profesor y del autor.

Si el pecado del mundo de Alvarez Gardeazábal en *El titiritero* (y en el autor mismo, por la ruptura mencionada) es la no responsabilidad, no sorprende el que esa no responsabilidad inunde la novela, se haya vuelto ingrediente de sus diversos aspectos formales, de su poética. Y, ¿qué del profesor, entonces, tan lastimosamente denigrado por su creador? El es el *elemento añadido,* un *títere añadido,* por decirlo así y para emplear la terminología de Mario

Vargas Llosa. Y los títeres suelen repetir, magnificándolos, los movimientos de la mano de su titiritero. De las mismas manos que teclearon nuestra novela. *Ex ungue,* dicen, *leonem.* Lo mismo pasa con la separación entre autor y narrador.

Octavio Paz dijo recientemente: «. . . nuestro siglo se ha caracterizado por . . . la exteriorización del sentimiento de culpabilidad» (*Hombre de mundo,* Julio de 1978, p. 107).

He aquí lo que Alvarez Gardeazábal ha dicho sobre el problema estudiado en este texto: «la creación literaria debe manejarse por el camino de la revisión de sí misma. La reflexión de la realidad no puede seguir siendo tomada como válida únicamente por que la escribe el novelista. A quien primero hay necesidad de cuestionar en la literatura de hoy es al propio 'hacedor'» (carta, 12/8/78).

NOTAS

1. En «La barca, o nueva visita a Venecia,» *Alguien que anda por ahí,* Madrid, Alfaguara, 1978.

2. Cervantes, Presentación de *Novelas ejemplares.*

3. Bogotá, Plaza & Janés, 1977.

4. En *Aproximaciones a Gustavo Alvarez Gardeazábal,* Raymond L. Williams, comp., Bogotá, Plaza & Janés, 1977, pp. 227 y ss.

5. Lezama, en Williams.

6. Williams, p. 221.

7. Williams. «Elementos biográficos y la obra de Alvarez Gardeazábal,» K. E. A. Mose, p. 219.

8. *Ibid.*

9. *Ibid.*

Revolución socialista en las Antillas: «Cuando amaban las tierras comuneras» del dominicano Pedro Mir

LISA E. DAVIS

Sin duda, sería difícil imaginarse para un escritor un destino más funesto que el que le ha tocado al dominicano Pedro Mir (nacido en 1913), cuya carrera literaria se vincula irrevocablemente a la triste historia de su país. Si bien la República Dominicana vivió más de treinta años (de 1930 a 1961) de silencio y terror bajo el régimen de Rafael Leonidas Trujillo, también la obra de Mir, publicada la mayoría de ella en el exilio (Cuba y Guatemala) ha tenido hasta recientemente una circulación muy limitada. Como señala Jaime Labastida en su prólogo al tomo *Viaje a la muchedumbre* (México, Siglo XXI, 1972), donde se recogen por primera vez los grandes poemas de Mir («Hay un país en el mundo,» de 1939; «Contracanto a walt Whitman,» de 1953; «Amén de mariposas,» de 1969, y otros), al dominicano se le debe considerar como «uno de los poetas latinoamericanos más auténticos e importantes de la hora presente *[. . .]* que no merece el silencio que lo ha envuelto» (p. xiv). Por otra parte, hasta hoy la prosa de Mir, que incluye ensayos de tema histórico y político y un tomo de cuentos (*La gran hazaña de Límber y después otoño,* Santo Domingo, Eds. Sargazo, 1977), ha sido territorio desconocido para el estudioso de la literatura hispanoamericana. Sin embargo, con la publicación de su primera novela--*Cuando amaban las tierras comuneras* (México, Siglo XXI, 1978)[1]--Pedro Mir se da a conocer a un público hispano parlante más amplio que, a nuestro juicio, encontrará en su obra, además de una prosa de profundo tono lírico y de una estructura narrativa innovadora, una valiosa aportación al análisis de algunos problemas que siguen acosando a toda Nuestra América, problemas que la República Dominicana ha vivido en extremo.

Pues, pese a su edad, Pedro Mir es, en todo sentido, contemporáneo nuestro ya que abre el camino hacia una novelística que obedece al principio estético de originalidad de expresión y a la vez, da voz a una conciencia política comprometida con la justicia y la igualdad para todos. No hay que olvidar que la prosa sensual y matizada de Mir, a la par que su tendencia hacia la parodia y la alegoría en la presentación de sus personajes, la mezcla de fantasía y realidad en sus fábulas[2] y la profunda vena humorística que caracteriza a buena parte de la novela, merecen un estudio a fondo.

No obstante, aquí hemos intentado investigar la tesis fundamental que sustenta *Cuando amaban las tierras comuneras;* esto es, a nuestro juicio, que el futuro de la República Dominicana, libre de influencias extranjeras, será socialista, porque su pasado histórico y, en un sentido más amplio, su esencia auténtica, lo han sido. Es una actitud que le acerca a Carpentier, quien declaró en *Tientos y diferencias* que «a Norteamérica sajona toca coronar y cerrar la civilización capitalista. Pero el porvenir de América Latina es socialista» (Montevideo, ARCA, 1967, p. 89). Con Carpentier, Mir también comparte la preocupación por la historia y por su desarrollo-- o lineal o circular--, preocupaciones que el dominicano replantea en términos de su propio país pero con miras hacia el destino de todos los países pequeños y dependientes de Hispanoamérica que tienen por herencia «la lengua española y con ella la onda espiritual de la cual era portadora y en ella nos hicimos católicos y donjuanes y quijotes y juan de mairenas y unamunos y sobre todo pobres y orgullosos de la pobreza» (p. 273). A continuación, Mir afirma, a través de unos personajes estrafalarios reunidos para hablar de las consecuencias del asesinato de Trujillo (1961), que «participamos de los mismos rasgos de subdesarrollo y de dependencia» (p. 270) que distinguen a la América Española en general. Sin embargo, «todos desembocamos al mismo punto pero cada uno sigue su propio camino y esto es importante para decidir en un momento dado como nos va a ir en la fiesta aunque todos hayamos sido invitados de la misma manera y el hecho es que nuestro país ha seguido un camino histórico completamente distinto al de cualquier otro país de este hemesferio comenzando porque arranca no por la colonia española pura y simple sino por un acontecimiento único que consistió en la destrucción de la colonia española y la verdad es que no fuimos descubiertos por Colón ni por nadie sino que brotamos de la nada partimos de cero salimos como el humo de un montón de cenizas y la sociedad de la cual somos hoy. La culminación no fue organizada y estructurada por ningún imperio europeo sino que brotó de ella misma de unos cuantos damnificados que se vieron obligados por la realidad material insoslayable a inventar las formas de convivencia necesarias para sobrevivir» (pp. 270-71).

El incendio al que se refiere, «que se conoce en las escuelas impropiamente como las *devastaciones de las ciudades del norte*» (p. 151), efectivamente tuvo lugar durante los años 1605 y 1606, y dio «al traste con el antiguo esplendor no sólo de las ciudades costaneras sino de esta primogénita colonia de España en su totalidad convirtiendo en humo y ceniza la flor de la cultura española» (pp. 151-52).[3] A raíz del incendio, se van los príncipes y las princesas «porque como ustedes comprenderán esos personajes no pueden permanecer en un país reducido a escombros y a hollín» (p. 179) y con ellos desaparecen la riqueza y, más importante, el concepto de la propiedad privada. En su lugar, surge «otro sistema de explotación de la tierra que es el de los *terrenos comuneros* así llamados porque nadie tenía más propiedad de la tierra que la que otorgaba el uso y aunque el derecho de uso se transmitía inclusive por compra y venta la propiedad continuaba indivisa y retornaba al vendedor amparado en unos títulos de quien nadie conocía la existencia real tan pronto como el uso permitía y la tierra era abandonada y está claro que ésta era una situación paradisíaca y le daba a uno y cada uno de los habitantes de este país la sensación de que era propietario del territorio entero y de que para apropiarse y disponer de una parte de este planeta no tenía que hacer otra cosa que empuñar una azada y abrir surcos a diestra y siniestra con la ayuda del día y el consenso general» (p. 84). Perduró aquel sistema de la propiedad comunitaria en la sociedad dominicana hasta 1920, cuando bajo el gobierno militar norteamericano se estableció «un sistema moderno de registro *[la agrimensura]* de la propiedad territorial cuyo propósito era precisamente el de asegurar y garantizar el deslinde de la propiedad privada» (pp. 24-25), porque «el sistema arcaico de los terrenos comuneros *[. . .]* frenaban el desarrollo capitalista impulsado por las compañías azucareras» (p. 274). De modo que fue «la voracidad de las compañías azucareras empeñadas en ocupar esas tierras para consagrarlas al cultivo de la caña en gran escala» (p. 206) el factor que torció el rumbo del desarrollo natural del país, en nombre del progreso impuesto por la fuerza militar extranjera. Al pasar revista de esos acontecimientos, Mir afirma que la historia sí se repite y que «las tierras comuneras volverán a serlo y que volverá a entroncar en ella la esencia de nuestro país» (p. 186).

En este concepto de la repetición se basa la estructura de la novela, que asimismo recoge escenas en las vidas de los personajes en diversas etapas de la historia moderna de la Republica Dominicana. En este sentido, la novela se desenvuelve en torno a dos momentos claves de esa historia; estos son, la primera intervención militar de los Estados Unidos en la República Dominicana que duró de 1916 a 1922, y , unos cincuenta años más tarde, la desembarcación de 1965 en Santo Domingo de las tropas americanas «con el propósito de proteger a las embajadas extranjeras amenazadas por la guerra civil» (p. 292). Basándose en las autoridades clásicas, estos dos incidentes le sirven a Pedro Mir para afirmar con «un profesor llamado Vico» que «la historia se repite» ya que «en nuestra época está completamente aceptada esa teoría aunque modificándola en el sentido de que esta repetición se produce en un grado cada vez más elevado de desarrollo» (p. 186). El dominicano subraya en varias ocasiones la teoría de Vico de la repetición, pero siempre en un grado superior de desarrollo (pp. 282-298). Por tanto, la novela parte del concepto del círculo en las vidas complicadas y entrelazadas de sus personajes pero con una apertura hacia el futuro desconocido «porque esta historia como la vida misma no concluye nunca» (p. 330). Así por ejemplo, si bien se repite la intervención americana, también se pone en boca de dos personajes de ficción, a cincuenta años de distancia, la misma advertencia al pueblo dominicano frente al invasor: «muchachos devuélvanse que la patria está en peligro» (pp. 45, 291). Asimismo sólo al viejo Silvestre--personaje cuya carrera le sirve de eje a la fábula--le es permitido escuchar esta advertencia dos veces. La primera vez, muy joven, se tira al monte como guerrillero («gavillero» en la República Dominicana) para combatir a las tropas americanas y sus aliados criollos; y la segunda vez, viejo ya, se va para la Capital a presenciar la revolución popular que estalla con la caída del régimen de Trujillo, revolución que «era la gente descendiendo de los barrios altos en forma de torrente humano hacia una estación de radio o desembocando súbitamente de una calle sin que se supiera de donde venía ni hacia donde se encaminaba pero vociferando palabras rítmicamente en las que se descubría la embriaguez del cambio» (p. 279).

Como es obvio, mediante el personaje de Silvestre se unen dos movimientos en defensa de la integridad dominicana. Pero, ya que la historia se repite siempre en un grado más elevado de desarrollo, en el precipitado viaje hacia la Capital, a Silvestre lo acompañan su hija natural Urbana (el contraste alegórico entre los nombres es significativo, como veremos) y el representante de una tercera generación dominicana, el adolescente Bonifacio Lindero, hijo, cuya historia también forma parte integral de esta crónica de la realidad dominicana en el siglo XX. Nace Bonifacio en los años cincuenta, cuando «todo el país en que se gestaba la existencia de esta criatura estaba sumergida en un sistema de terror indescriptible tan inmensamente generalizado que de él no escapaban las mismas personas que lo habían impuesto y que formaban un complicado y eficiente aparato de poder destinado a mantenerlo invariable» (p. 255), época «que significa una liquidación de las capas renovadoras del país porque el silencio aniquila las voces creadoras de los pueblos y aquí se ha apagado el periodismo el teatro la poesía y la novela y se nos ha dejado la palabra sólo para ensalzar los méritos convencionales del beneficiario de esta situación» (pp. 101-02).

Sin embargo, bajo la tutela del viejo Silvestre, Bonifacio, hijo, logra rechazar tanto la ideología de orden, paz, progreso y silencio que le impone su padre como el concepto de la propiedad privada que encarna éste.   De allí, la íntima, aunque involuntaria, relación del joven Bonifacio con el significado global de la novela, que recae, por supuesto, en la lucha entre el principio de la propiedad privada, extraña al país y fuente de la represión, y el de la propiedad comunitaria y libre, de origen indígena.   Porque de entre los partidarios de la propiedad privada se destaca Bonifacio, padre, cuya familia se apresuró, en 1920, a cercar tierras, colocando linderos por aquí y linderos por allá ante la pasiva contemplación de unos campesinos acostumbrados secularmente a considerar el deslinde de las tierras como una ocupación ingenua cuando no estúpida y por eso al padre de Bonifacio la gente le endilgó el mote de Lindero que acabó por perpetuarse como un apellido muy respetable cuando a consecuencia de su actividad se vio convertido en el propietario ilustre de una buena porción del territorio nacional soberbiamente amparado por la Constitución y las Leyes de la República (p. 25).   No es por casualidad tampoco que Bonifacio, padre, sea oriundo de La Romana, zona cañera donde se encuentra uno de los ingenios más grandes de todo el Caribe.

De modo que los tres compañeros de viaje--Silvestre, su hija Urbana y Bonifacio, hijo--que van hacia Santo Domingo en vísperas de la nueva invasión norteamericana, simbolizan la protesta contra los males milenarios de las Antillas: la caña (la «diabetes colectiva,» como lo llamó el puertorriqueño Antonio Pedreira), la dependencia, la pobreza y la intervención extranjera; y ponen de manifiesto cómo, a juicio del autor, «la historia se articula en la propia vida de los seres humanos que son los que constituyen verdaderamente la carne y la sangre de la historia» (p. 296).   Sin embargo, con ellos «el ritornelo ecoico de esa repetición incesante de una historia que vuelve y vuelve como un eco del uno al otro confín fin fin» (p. 332) pasa a un grado superior de desarrollo porque en esta ocasión la batalla se libra en la ciudad (Urbana), entre el proletariado de la Capital, y no en el campo (Silvestre) y a ella se presta espontáneamente todo el pueblo dominicano.

Actualmente, se abre el futuro incierto ante los nuevos gobernantes de la República Dominicana, pero es de notar que a raíz de la caída del régimen de silencio y terror, en las letras dominicanas impera un espíritu optimista y juvenil que encuentra en Pedro Mir uno de sus más altos representantes.[4] Mir se ha servido de *Cuando amaban las tierras comuneras* para comunicar a un público amplio hispano parlante su visión estética que se fundamenta en una ideología revolucionaria; y su novela ha puesto de manifiesto una conciencia literaria, humana y política que está pidiendo el reconocimiento de su obra anterior y que nos lleva a esperar de él otras obras de valor duradero.

NOTAS

1. Todas las citas directas de Mir aquí incluidas se refieren a la novela y se cita por las páginas entre paréntesis.

2. Pese al tono fantástico de la novela, Mir insiste en varias ocasiones en la autenticidad del relato, dándole a su obra el valor de un documento histórico. Así por ejemplo, en la descripción del personaje Silvestre nos advierte que «no es trata del personaje de novela alguna o de la literatura de ficción» (p. 34); y que «los hechos de aquí se registran ocurriendo tal como se relatan de acuerdo con testigos idóneos que los vivieron en toda su intensidad desde 1916 en adelante» (p. 47).

3. Sobre esta faceta de la historia dominicana, véase el ensayo de Mir, «El gran incendio. Los balbuceos americanos del capitalismo mundial,» Publicaciones de la Universidad Autónoma de Santo Domingo, Colección Historia y Sociedad, vol. 145, Santo Domingo, Editora Nuevo Mundo, 1970. También son de interés otros ensayos de fondo histórico publicados por Mir que abarcan una variedad de temas, *e.g., Tres leyendas de colores. Ensayo de interpretación de las tres primeras revoluciones del Nuevo Mundo,* Santo Domingo, Editora Nacional, 1969, y *Las raíces dominicanas de la Doctrina de Monroe,* Santo Domingo, Eds. de Taller, 1974.

4. Consúltese, por ejemplo, para la reciente historia de las letras dominicanas, de Hector Incháustegui Cabral, *La literatura dominicana, siglo XX,* Santo Domingo, 1968.

Synchronic Narrative Structures in Contemporary Spanish American Fiction

LOIS PARKINSON
ZAMORA

The trend in recent Spanish American literary criticism has been to discuss trends in Spanish American fiction.[1]   This seems strange in light of the wealth and diversity of literary production during the past three decades in Spanish America.   Perhaps, one muses, we need to explain in a unified fashion what might otherwise be an unexplainable outpouring of creative energy; or maybe Spanish American writers, when subjected to critical scrutiny, appear to be bound by common perceptions and expressions of social and psychological reality.   While neither of these reasons would seem adequate to explain this critical trend toward trends, I do think that there is an important affinity among many of the best writers of fiction in Spanish America that has not yet received much critical attention.   I would like to suggest that a central concern--indeed, a trend--in recent Spanish American fiction has been the consideration of contemporary man's relation to time, to the past and the future of his continent and his world: in the novels I will discuss, this concern is embodied in their synchronic narrative structures.   Marcel Proust said of *A La Recherche du Temps Perdu* that he wished to imprint upon it «a form which usually remains invisible, the form of Time.»   With their synchronic narrative structures, Carpentier, Cortázar, Fuentes, Puig, Vargas Llosa--like Proust--imprint upon their fiction the form of Time.

Synchronic narrative structure in a novel or short story implies the author's acknowledgment of the dichotomy between external and internal temporal realms.   Furthermore, it attests to his rejection of the chronological recounting of contiguous external events typical of literary realism in favor of a system of references, characters, and events that relate to each other independently of the arbitrary calibrations of minutes, days, years.   Edmund Husserl speaks of these two time-scales as «cosmic time» and «phenomenological time,» the first being that of clocks, calendars, and public reference, the second that of the individual experience of the world.[2]   Husserl says that phenomenological time is constituted by the mind's disconnection from the natural world, by the mind's awareness that the punctual «now» is related to other past «nows,» that it is an indivisible flux, a duration rather than a minute by minute structure.   Thus, the mind perceives an object or an action which is a mental image, but withdraws from that object or event sufficiently to create meaningful relationships with the material of memory.   Synchronic structures allow the novelist to communicate this withdrawal from the punctual «now,» to engage in the creative process of reconstituting temporal relationships within the consciousness of the narrator, character, reader, the novelist himself.   The novelists whom I have mentioned abandon linear chronology in order to create vast images in which past, present, and future exist simultaneously: sequence is deliberately disrupted and the narrative broken into fragments which are meant to be apprehended as a unified whole.   By means of innovative narrative and structural techniques, these writers undermine the inherently diachronic nature of the novel, and indeed of language itself: meaning no longer depends on syntactical sequence but on the perception of relationships among the temporally disconnected groups of words.[3]   In very different ways, the novelists that I will discuss create synchronic networks of reference and cross reference that relate to each other independently of the time sequence of the narrative and that the reader must invest with meaning.

In all of his fiction, Alejo Carpentier is acutely aware of modern man's relation to time's movement.   In his early work, Carpentier's treatment of time is largely thematic: *Los pasos perdidos* (1953) presents an artist-protagonist who attempts to move backward in time to recover the lost steps of his race and his nation.   As he voyages symbolically inward and downward toward the point of his own origins, the temporal content of the narration becomes charged with «recuerdos del porvenir.»   The artist speaks of himself as belonging not in Genesis but in Revelation: He struggles to achieve an apocalyptic pespective that is, a perspective like that of St. John of Patmos, who stands beyond the end of time, comprehending simultaneously past, present and future in a unified temporal vision.[4]   Seeing an old priest among the primitive Indians where the narrator is seeking temporal integration, he thinks of «un San Juan predicando en el desierto,» and he is moved to make «la gran decision» to reject his modern world of clocks and calendars, of «tiempo medido. . . .   Los lunes dejarán de ser, para mí, lunes de ceniza, ni habrá por que recordar que el lunes es lunes. . . .»[5] This growing awareness of temporal comprehensiveness in the jungle is expressed in musical terms, for the artist's medium is music: «Permanecí en silencio durante un tiempo que el contento interior liberó de toda medida. . . .   Me pareció que algo, dentro de mí, había madurado enormemente, manifestándose bajo la forma singular de un gran contrapunto de Palestrina, que resonaba en mi cabeza con la presente majestad de todas sus voces» (p. 168).   But this synchronic lucidity is undercut by the novel's structure: it is presented in the form of the artist's journal, and with only a few exceptions (when the artist is in the heart of the jungle,) the chapters are labeled with the month and day and even the time of day.   With duration thus named and numbered, the action seems irrefutably fixed in «cosmic» time.   The musician must return to the world of «measured time,» but he does so with an increased understanding of the punctual «now» in which he must live.   Referring to himself as an «hacedor de Apocalipsis,» he knows that he must encompass the past as well as the future in the present of his art: he must anticipate «el canto y forma de otros que vendrán después, creando nuevos testimonios tangibles en plena conciencia de lo hecho hasta hoy» (p. 264).

In the works that follow closely upon *Los pasos perdidos,* Carpentier seems to dedicate himself to the synchronic art that his character describes in the passage I have just quoted: *El acoso* (1956) incorporates within its structure the synchronicity that is primarily thematic in the earlier novel.   In *El acoso,* Carpentier foregoes altogether consecutive narration and presents instead a welter of fragmentary images which the reader must relate to motifs and patternsthat are basically musical rather than linguistic.[6]   It is while listening to Beethoven's Third Symphony that the events--later to be varied, juxtaposed, arranged contrapuntally as are the themes of the symphony--present themselves in the protagonist's mind, and it is the symphony that provides the fictional time frame of the narrative as well.   Within this «objective» time of Beethoven's symphony, the *acosado* remembers events which may have been contiguous in time but which are purposely separated in the narration so that their significance must be derived from their mutual relationship, or their relationships to a given motif or musical pattern, rather than from their linear associations.   The actual present in the concert hall, the immediate and remote past, and the anticipated future of the narrator are so fused that the inherent temporality of language seems almost transcended: all verb tenses seem to suggest simultaneity in the narrative present. The traditional metonymic relationship of word groups has thus been supplanted by a metaphoric relationship that can only be understood when the reader has completed the novel, or indeed, completed it several times.[7] Meaning resides in the simultaneous apprehension of the entire system of relationships, after all of the parts of that system have been provided by the author.

In the less complicated structures of three stories in the collection, *La guerra del tiempo* (1958), Carpentier again manipulates narrative structure to destroy temporal progression by diffusing a single character or episode into multiple refractions of the original. These refracted images exist in the distant past and yet simultaneously with the contemporary figure. In «El camino de Santiago» and «Semejante a la noche,» selves replicate and incidents recur, suggesting that past, present, and future are not successive but synchronic, structure variations upon changeless themes. (Again, there is an implicit analogy to music). In «Viaje a la semilla,» temporal progression is reversed: time moves backward from death toward birth. Each of these stories and *El acoso* (which was included in the initial publication of the collection) occur in the realm of «phenomenological time,» where the ancient and primitive layers of the psyche are as real and immediate as the present moment.

Julio Cortázar is also fascinated with the collective unconscious of his characters, and several of his short stories use synchronic structure to suggest, as has Carpentier, the importance of the ancient, mythic content of the mind.[8] In «Todos los fuegos el fuego,» «El í-dolo de las Cícladas,» «La noche boca arriba,» «Axolotl,» «Una flor amarilla,» and others, the perspectives shifts subtly between the chronological present and the timeless past which inhabits that present simultaneously. So subtle is the shift from one realm to the other that the reader often does not even perceive the discontinuity, which is exactly Cortázar's aim: the realms exists simultaneously. In the space of a few sentences, in «Axolotl,» human time converges on--and is subsumed by--the primordial world of the fish-like larva, Axolotl. The protagonist of the story, who sees the axolotls from outside of the aquarium glass, finds that he has inexplicably adopted their perspective and is looking through the glass of the aquarium from the inside. He says of his attraction to them, «Oscuramente me pareció comprender su voluntad secreta, *abolir el espacio y el tiempo* con una inmovilidad indiferente.»[9] In «La noche boca arriba,» a delirious man moves uncontrollably back and forth, upward and downward through time: the narrative moves not only between past and present but between the conscious mind and the depths of the un-conscious. Using imagery of light and darkness to herald the shifts in time, Cortázar can comprehend the simultaneity of temporal levels in the structure of a single sentence.

> Hizo un último esfuerzo, con la mano sana esbozó un gesto hacia la botella de agua; no llegó a tomarla, sus dedos se cerraron en un vacío otra vez negro, y el pasadizo seguía interminable, roca tras roca, con súbitas fulguraciones rojizas, y él boca arriba gemió apagadamente porque el techo iba a acabarse, subía, abriéndose como una boca de sombra, y los acólitos se enderezaban y de la altura una luna menguante le cayó en la cara donde los ojos no querían verla, desesperadamente se cerraban y abrían buscando pasar al otro lado, descubrir de nuevo el cielo raso protector de la sala.[10]

There is perhaps no sentence in Spanish fiction to match this one in its assault on simplistic notions of temporal reality, with its perfectly plain language belying its synchronic complexity: the story ends with the temporal coincidence of dream and reality.   In his ability to unite primal dream with external incident, Cortázar inherits the mantle of the English romantic, Thomas de Quincey, who uses language, in his *Confessions of an English Opium-Eater* (1821) to mold dreams and waking into a unity that comprehends all temporal levels.[11]

In his novels, *Rayuela* (1963) and *62: modelo para armar* (1968), Cortázar rejects the notion, as he has in the short stories that I have mentioned, that the imagination manifests itself only as an aesthetic order available to the analytical mind, and sets out instead to dislocate sequence, to disorder expected associations, to create narrative structures of limitless and shifting pespectives.   For Cortázar, the real aesthetic challenge is to create synchronic narrative structure which becomes a transcendental, participatory process for the reader and which reveals connections rather than impose false rubrics upon experience.   Temporal and spatial relativity is inherent in the structure of *Rayuela* and *62: modelo para armar,* for the composition of each novel is based on a spatial entity: a hopscotch pattern and an implicit model of a city which can be assembled from the pieces provided in the short chapters.   Meaning does not unfold sequentially but rather evolves out of the associations that the reader intuits among the parts of the novels.[12]   Cortázar presents events, objects, characters from many temporal and spatial perspectives, as parts of the complex relationships which comprise these novels' composite, tentative reality.

In the novels of Carlos Fuentes, synchronic structures are essential to the profoundly historical vision of their author. Fuentes specifically acknowledges his fascination with those masters of synchronic structure, Faulkner and Dos Passos, saying that it was they who taught him how «to play with time.»[13] From his earliest fiction, Fuentes concerns himself with the nature of Mexican temporal reality, conveying his characteristic sense that in Mexico, the layers of time are so thin that they must be comprehended all at once. In *La región más transparente* (1958), Fuentes uses characters to symbolize those layers of time, a conservative banker representing contemporary capitalism, an Indian representing the country's primordial past, and so on. The novel has a polemical aura about it: its structure is almost allegorical, its juxtaposition of past, present, future almost too schematic. However, in *La muerte de Artemio Cruz* (1962) and *Cambio de piel* (1967), Fuentes uses narrative structures which *show* the reader the complexity of Mexico's «now» rather than characters who symbolize it.

La muerte de Artemio Cruz and *Cambio de piel* are narrated in large part from within the consciousness of a narrator-protagonist whose imagination works with public facts that have been absorbed into his private realm and retained in the memory. The reflective consciousness, of whose operations the novels contain a record, rearranges the images or memories of the past with only occasional reference to a perceived punctual «now»: this interior ordering is more heterogenous and meaningful than were the contiguities of chronology when the events originally occurred. The first, second and third person sections in *La muerte de Artemio Cruz* are consistently narrated in the present, future, and past tenses respectively: thus, the narration would at first seem to be more constrictive, temporally, than even the most traditional chronological narration. This is not so, however, for every event is examined from at least three temporal positions by narrative voices of varying reliability. The second-person-future sections are the most innovative and problematic of the novel in terms of their temporal structure: the narrator «foresees the past,» using no capital letters, only semi-colons and commas until the final period at the end of the section. Form and content coincide in the section, for the fluidity and seemingly endless process of the prose express exactly the unpunctuated duration of which the narrator speaks. Whereas *La muerte de Artemio Cruz* does at least order narrative time to some extent with its «yo,» «tú,» and «él,» *Cambio de piel* does not provide the reader with any such temporal road maps. Instead, the layers of past, present and future are presented in no recurring pattern, and events that are separated spatially but that occur simultaneously are added to the temporal multiplicity of the narration. Like Carpentier's musician, the narrator speaks of his apocalyptic responsibility: «la verdad quisiera ofrecernos la imagen del principio anterior a toda duda, a toda contaminación. Pero esa imagen es idéntica a la del fin. El apocalipsis es la otra cara de la creación.»[14] In these novels, narrators Artemio Cruz and Freddy Lambert are trying, as their creator, to perceive the full temporal content of the moment, the meaningful associations between past and future, between beginning and end.

I want to add to my brief discussion of these three elder contemporaries two more recent additions to the pantheon of Spanish American writers: Mario Vargas Llosa and Manuel Puig. Like Fuentes' fiction, Vargas Llosa's *Conversación en La Catedral* (1969) is firmly grounded, in contemporary political reality, but that reality is not *chronicled* so much as it is *evoked* by the narrative structure of the novel. The novel is a series of dialogues that ebbs and flows in an historical medium that is neither chronological nor sequential. The dialogues expand to include past and future within the present, that is, within the four hours of «actual» time of the novel, four hours spent by two long-separated acquaintances in the bar La Catedral.[15] The men's memories present a great quantity of narrative material which seems to well up and overflow: the memories are juxtaposed subjectively, broken up typographically, aruptly shifted from one point of view to another; shifts in point of view almost always imply shifts in time. In short, temporal sequence is deliberately and radically disconnected. We are subtly prepared for this temporal collapse: in the conventionally narrated first chapter (before Ambrosio and Santiago enter La Catedral), we see Santiago reading Aldous Huxley's *Point Counter Point,* one of the most completely realized synchronic structures among English novels. For four hours, the characters seem, by means of Vargas Llosa's synchronic structure, to transcend linear time and to communicate at once the past, present, and future of Peruvian reality.[16]

Manuel Puig's serial structures in *La traición de Rita Hayworth* (1968) and *Boquitas pintadas* (1969) are, despite their apparent consecutive nature and their apparent reliance on dates to order the various components of the narrative, synchronic rather than diachronic: meaning proceeds from the relationships of the discrete pieces of the narration, apprehended as a whole after the novel has been completed, rather than from the linear progression of the narration. Indeed, Puig plays upon the reader's expectations that a serial will create an uninterrupted sequence, that an episode will take up were the last one left off.   Instead, the serial becomes a method for eschewing continuous exposition of character and plot, for separating by many pages and often by very different narrative techniques, incidents that are chronologically contiguous.   Characters are not presented progressively in a continuous line of development, but discontinuously: the reader must intuit the implications of the non-sequential groups of words.   In *La traición de Rita Hayworth,* the movies that provide the main character with metaphors for interpreting reality also provide a metaphor for the narrative structure of the novel: just as the individual frame on a strip of film depends for its significance on the relative position that the cinematographer assigns it, so the «frames» of Puig's serial depend upon their relationships to the whole structure simultaneously for their significance.[17]   Like the cinematographer, Puig avails himself of the devices of time and space montage to manipulate the flow of events through time: images and ideas are superimposed on a moment of time by multiple views, by cutting from one scene to another, by flashbacks, and so on.   Furthermore, Puig makes psychological time seem infinitely elastic by using slow-ups, fade-outs, close-ups.   (The difference between most movies and Puig's novel is that most cinematographers choose to create the illusion of temporal continuity by juxtaposing frames in chronological order: an exception is Alain Robbe-Grillet's film, *L'Année DerNière a Marienbad,* which like Puig's fiction, uses montage to break up temporal continuity.   As a result, it is one of the most suggestive and unsettling films ever made.[18]

Boquitas pintadas plays with another serial form: letters.   A correspondence after all implies a kind of chronological and even causal sequence: one correspondent's comments elicit the responses of the other, one letter implies a consequential answer.   Needless to say, Puig's letters do not comply with the reader's expectations.   Furthermore, the letters are interspersed with a wild assortment of popular literary forms: police department records, programs from county fairs, lyrics from tangos, tag lines from movies.   In both of Puig's novels, the author-narrator is almost entirely gone: the reader and character seem closer than ever before, for they both must extract meaning from the fragments offered by the novelist: both must be structural critics, both must make order out of the disorder of past, present, and future.[19]   Creating art is no longer the province solely of the novelist.

Synchronicity in fiction is perhaps an inevitable outcome of our century's understanding of the physics of relativity: as Einstein and

Planck and Heisenberg overthrew the notion that time could be described without reference to the perceiver, so contemporary Spanish American writers have overthrown the practices of realism that were predicated on the idea that there is an objective temporal structure apart from the subjective temporality of the psyche. Modern psychology has of course responded to and reinforced this scientific relativism: Carl G. Jung connected his own work on psychological synchronicity to physics, citing as his inspiration Albert Einstein: «Profesor Einstein was my guest on several occasions at dinner. . . . These were very early days when Einstein was developing his first theory of relativity of time as well as space, and their psychic conditionality.»[20] And modern philosophy, phenomenology and existentialism in particular, rest on the belief that time is discontinuous, that the «genealogical imperative,» where one event is thought to give birth to the next, is a falsity.[21] It is Melquíades, in Gabriel García Márquez's *Cien años de soledad* (1967), who explicitly describes what I have called a trend toward synchronic narrative structures in Spanish American fiction.[22] In a room of the Buendía house where it is always March and always Monday, García Márquez has Melquíades concentrate «un siglo de episodios cotidianos, de modo que todos coexistieran en un instante.»[23] With just such comprehensive temporal vision, the authors whom I have mentioned have moved from literary realism to reality.

NOTES

1. See for example María A. Salgado, «Trends of Spanish American Fiction since 1950,» *South Atlantic Bulletin,* XLIII, No. 1 (January, 1978), pp. 19-29; Luis Leal, «El realismo mágico en la literatura hispanoamericana,» *Cuadernos Americanos,* 4 (1967), 230-235; Angel Flores, «Magical Realism in Spanish American Ficiton,» *Hispania,* XXVIII, No. 2 (1955), pp. 187-201.

2. See Edmund Husserl, *The Phenomenology of Internal Time Consciuousness,* ed. Martin Heidegger, trans. James S. Churchill, Bloomington, University of Indiana Press, 1964.

3. I am indebted throughout this study to the discussion of synchronicity in Joseph Frank, *The Widening Gyre: Crisis and Mastery in Modern Literature,* New Brunswick, NJ, Rutgers University Press, 1963.

4. Frank Kermode, in *The Sense of an Ending: Studies in the Theory of Fiction,* New York, Oxford University Press, 1967, discusses the uncomfortable position of

modern man «in the midst» of history, between the beginning of time and the end, but without meaningful relationship to either beginning or end. He suggests the most satisfying fictions are those which can be explained «in terms of the service they do to the man who senses his position in the middest, desiring these moments of significance which harmonize origin and end» (p. 48). Carpentier's fiction constantly addresses man «in the midst» of history.

5. Alejo Carpentier, *Los pasos perdidos,* Montevideo, Arca, 1968, p. 189.

6. See Frances Wyers Weber, «*El acoso:* Alejo Carpentier's War on Time,» *PMLA,* LXXVIII, No. 3 (1963), pp. 440-448.

7. See the very interesting article on the uses of metaphor and metonym by Roman Jakobson, «Two Aspects of Language and Two Types of Aphasic Disturbances,» in *Selected Writings,* The Hague, Mouton, 1962, pp. 239-259. Jakobson says «In manipulating these two kinds of connections (similarity and contiguity) in both their aspects (positional and semantic)--selecting, combining, and ranking them--an individual exhibits his personal style, his verbal predilections and preferences» (p. 255). This seems to be true of Carpentier and the other writers whom I will discuss.

8. Carl G. Jung, whose term «collective unconscious» I use, wrote on the psychological implications of synchronicity: «Synchronicity: An Acausal Connecting Principle,» (1952) trans. R. F. C. Hull, in *Collected Works,* vol. 8, Bollingen Series XX, Princeton, Princeton University Press, 1968. Also see Ira Progoff, *Jung: Synchronicity and Human Destiny,* New York, Julian Press, 1973.

9. Julio Cortázar, *Final del juego,* Buenos Aires, Editorial Sudamericana, 1964, p. 163. (Italics mine.)

10. Cortázar, pp. 178-179.

11. De Quincey describes the content of one opium dream which unites him to his most ancient avatars: he says that one cannot imagine «the unimaginable horror which these dreams of Oriental imagery, and mythological tortures, impressed upon me. Under the connecting feeling of tropical heat and vertical sunlights, I brought together all cratures, bird, beasts, reptiles, all trees and plants, usages and appearances, that are found in all tropical regions, and assembled them together in China or Indostan. From kindred feelings, I soon brought Egypt and all her gods under the same Law. I was stared at, hooted at, grinned at, by monkeys, by paroquets, by cockatoos. I ran into pagodas: and *was fixed, for centuries* at the summit, or in secret rooms; I was the idol; I was the priest; I was worshiped; I was sacrificed. . . *Over every form, and threat, and punishment, and dim sightless incarceration, brooded a sense of eternity and infinity. . . .*» (Italics mine.) I quote this entire section because it conveys by means of syntactical structure as well as by specific words the temporal unity that Cortázar's character in this short story experiences in his dream state. Furthermore, Carpentier's musician in *Los pasos perdidos,* when farthest removed from the modern world, speaks of his synchronic comprehension while under the influence of opium. Each of these writers succeeds in conveying non-verbal, synchronic psychic phenomena in words. Thomas De Quincey, *De Quincey's Collected Writings,* Edin-

burgh, Adam and Charles Black, 1890, vol. III, pp. 442-443.

12. Critics have recognized the importance of structure in these novels. See, for example: Fernando Alegría, «*Rayuela* o el orden del caos,» in *Homenaje a Julio Cortázar,* ed. Helmy F. Giacoman, New York, Las Americas, 1972, pp. 81-94; Enrique Giordano, «Algunas aproximaciones a *Rayuela,* de Julio Cortázar, a través de la dinámica del juego,» pp. 95-130 in the collection just cited; Angela Dellepiane, «*62: modelo para armar: ¿agresión, regresión, o progresión?*», *Nueva narrativa hispanoamericana* I, (1971) pp. 49-52; Lucille Kerr, «Leaps across the Board,» *Diacritics,* 4 (Winter 1974), pp. 29-34. See also the section on Cortázar in Susan Spenser's *Space, Time, and Structure in the Modern Novel,* Chicago, The Swallow Press, Inc., 1971.

13. Fuentes includes D. H. Lawrence in this group of authors, and speaking of the works of the three, he says, «Yo estaba haciendo un juego de tiempos, y me interesaban mucho esos tres modos de verlos. Además de lo que toda primera novela tiene de muestrario, leía mucho a Dos Passos como una posibilidad de dar en una novela mexicana un tiempo muerto. En Dos Passos todo fue. Aun cuando él escribe en presente una cosa, sabemos que fue. En Faulkner, todo está siendo siempre. Aun el pasado más remoto es un presente. Y en D. H. Lawrence, lo que hay es este tono profético, de inminencia. Está siempre arañando un futuro; está cargado de futuro. Entonces yo muy conscientemente tenía esas tres influencias, porque eran tres tiempos que quería yo imbricar y organizar y contraponer y mezclar en *La región más transparente.*» These three temporal levels become even more adroitly manipulated in his subsequent novels. See Luis Harss and Barbara Dohmann, *Los nuestros,* Buenos Aires, Sudamericana, 1966, p. 361.

14. Carlos Fuentes, *Cambio de piel,* Mexico, Joaquín Mortiz, 1967, p. 408. In this context, the narrator distinguishes between the timelessness before creation and after the apocalypse, and emphasizes the novelist's concern with the temporality between the begining and the end: the quotation continues, «la mentira literaria traiciona a la verdad para aplazar ese día del juicio en el que principio y fin será uno solo. Y sin embargo, presta homenaje a la fuerza originaria, inaceptable, mortal: la reconoce para limitarla» (p. 408).

15. During these four hours spent in La Catedral, the past comes flooding back to fuse with the present in what resembles Proust's «fragments of time in its pure state.» Proust believed that the imagination had ordinarily to depend upon the static memories of the past, but that at certain moments, due to a chance conjunction of situation and sensation, the imagination could grasp both past and present simultaneously in a moment of «pure time.» During these moments, the imagination could encompass a reality «real without being of the present moment, ideal but not abstract.» The chance meeting of Santiago and Ambrosio, like Proust's petite madeleine dipped in tea, creates the necessary conditions for the fusion of past and present. See Joseph Frank, p. 21.

16. See the newly published collection of essays on Vargas Llosa, Charles Rossman

and Alan Warren Friedman, eds., *Mario Vargas Llosa: A Collection of Critical Essays,* Austin, University of Texas Press, 1978.

17. See Wylie Sypher, *Rococo to Cubism in Art and Literature,* New York, Random House, 1960. Sypher discusses the impact of cinematic technique on art and literature in his first chapter, «The New World of Relationships: Camera and Cinema.»

18. Alain Robbe-Grillet, «Time and Description in Contemporary Narrative» in *For a New Novel: Essays on Fiction,* trans. Richard Howard, New York, Grove Press, Inc., 1966.

19. The techniques of structural criticism are, it seems to me, most useful for analyzing contemporary Spanish American fiction, in which structural relationships are perhaps more important than in traditional fiction as repositories of meaning. See, for useful summaries of structural analysis: Jonathan Culler, *Structuralist Poetics: Structuralism, Linguistics, and the Study of Literature,* Ithaca, Cornell University Press, 1975, and Robert Scholes, *Structuralism in Literature: An Introduction,* New Haven, Yale University Press, 1974.

20. Letter to Dr. Carl Seelig, 25 Feb. 1953, in *C. G. Jung: Letters,* ed. Gerhard Adler, trans. R. F. C. Hull, Princeton, N. J., Princeton University Press, 1974. vol. II. See Footnote 8.

21. See Patricia Drechsel Tobin, *Time and the Novel: The Genealogical Imperative,* Princeton, N. J., Princeton University Press, 1979.

22. See my article, «The Myth of Apocalypse and Human Temporality in García Márquez's *Cien años de soledad* and *El otoño del patriarca,*» *Symposium* (Winter, 1978), pp. 342-354.

23. Gabriel García Márquez, *Cien años de soledad,* Buenos Aires, Sudamericana, 1969, p. 350.

LOS AUTORES

Lisa E. DAVIS (Atlanta, Georgia, 1941). Ha publicado numerosos artículos sobre literatura española y puertorriqueña. Se desempeña como profesora de literatura en York College, CUNY.

***

Luis A. DIEZ (Burgos, 1934). Ha publicado un libro sobre Vargas Llosa y ha recopilado los textos de *Asedios a Vargas Llosa*. Es autor de artículos sobre autores hispanoamericanos. Se desempeña como profesor de literatura hispanoamericana en Queens College, CUNY.

***

Roberto ECHAVARREN (Montevideo, 1944). Ha publicado: *El mar detrás del nombre; Aura amara* y numerosos artículos sobre literatura hispanoamericana. Actualmente se desempeña como profesor de literatura hispanoamericana en New York University.

***

Jean FRANCO (Inglaterra). Ha publicado *The Modern Culture of Latin America:Society and the Artist; An Introduction to Spanish American Literature;* el tomo correspondiente a América Latina de *A Literary History of Spain and Spanish America; César Vallejo. The Dialectics of Poetry and Silence* y numerosos artículos sobre su especialidad. Actualmente dirige el Departamento de Español y Portugués de Stanford University.

***

Carlos FUENTES (México, 1928). Ha publicado: *Los días enmascarados; La región más transparente; Las buenas conciencias; La muerte de Artemio Cruz; Aura; Cantar de ciegos; Cambio de piel; Cumpleaños; La nueva novela hispanoamericana; El tuerto es rey; Casa con dos puertas; Tiempo mexicano; Terra nostra; Cervantes o la Crítica de la lectura; La cabeza de la hidra.*

***

Margo GLANTZ (México). Profesora de la Universidad Nacional Autónoma de México, crítica, ensayista, cuentista, traductora. Autora de varios libros de ensayos y de *Las mil y una calorías, novela dietética.*

***

Ester GIMBERNAT de GONZALEZ (San Juan, Argentina). Ha publicado varios artículos sobre Lezama Lima. Se desempeña como profesora de literatura hispanoamericana en la Universidad de Texas.

***

Nora GLICKMAN (Argentina). Se desempeña como profesora de literatura hispanoamericana en Queens College, CUNY.

***

Lanin a. GYURKO (Torrington, Connecticut). Ha publicado numerosos artículos sobre Cortázar, Fuentes, Denevi, Rulfo y Borges. Actualmente dirige el Departamento de Lenguas Romances de la Universidad de Arizona.

***

John INCLEDON (New York, 1948). Ha publicado artículos sobre Cortázar y Borges y ha traducido *Farabeuf* al inglés. Actualmente se desempeña como profesor de literatura comparada en Albright College.

Wolfangang A. LUCHTING (München, Bavaria). Ha publicado: *Julio Ramón Ribeyro y sus dobles; Pasos a desnivel; La mujer o la revolución; Alfredo Bryce: Humores y malhumores; Escritores peruanos: qué piensan/qué dicen; Mario Vargas Llosa: Desarticulador de realidades* y numerosos artículos sobre autores hispanoamericanos. Ha traducido al alemán a Vargas Llosa, Sábato, Ribeyro, Puig, Edwards y otros. Se desempeña como profesor de literatura alemana e hispanoamericana en Washington State University.

***

Thomas C. MEEHAN (Detroit, Michigan, 1931). Ha publicado varios artículos sobre autores hispanoamericanos. Se desempeña como profesor de literatura hispanoamericana en la Universidad de Illinois.

***

Rose S. MINC (Buenos Aires). Ha publicado: *Lo fantástico y lo real en la narrativa J. Rulfo y G. Dueñas* y ha editado el tomo *The Contemporary Latin American Short Story.* Se desempeña como profesora de literatura hispanoamericana en Montclair State College.

***

Ardis L. NELSON (Auburn, New York). Ha publicado sobre Cabrera Infante. Se desempeña como profesora en Dickinson College y cursa el doctorado en Indiana University.

***

José Miguel OVIEDO (Lima, 1934). Ha publicado, entre otros, *Ricardo Palma; Narradores peruanos; Mario Vargas Llosa: La invención de una realidad* y numerosos artículos sobre autores hispanoamericanos. Es profesor de literatura hispanoamericana en Indiana University.

***

Lois PARKINSON ZAMORA (E. E. U. U., 1944). Sus estudios más recientes versan sobre García Márquez y Thomas Pynchon. Se dedica a literatura comparada y relaciones entre la narrativa estadounidense y latinoamericana. Se desempeña como profesora en la Universidad de Houston.

***

Arthur J. SABATINI (New York, 1948). Su estudio sobre *Paradiso* resultó de un seminario dedicado a Borges y la nueva novela latinoamericana. Es profesor adjunto de Humanidades del Philadelphia College for the Performing Arts y del Drexel College.

***

Flora SCHIMINOVICH (Argentina). Ha publicado varios artículos sobre autores hispanoamericanos. Se desempeña como profesora en Barnard College y prepara una tesis doctoral sobre Macedonio Fernández.

***

Saúl SOSNOWSKI (Buenos Aires, 1945). Ha publicado: *Julio Cortázar: Una búsqueda mítica; Borges y la Cábala: La búsqueda del Verbo* y numerosos artículos sobre literatura hispanoamericana. Es el fundador y director de la revista de literatura *Hispamérica.* Actualmente dirige el Departamento de Español y Portugués de la Universidad de Maryland.

***

Robert Y. VALENTINE (E. E. U. U., 1942). Ha publicado varios artículos sobre literatura hispanoamericana. Es profesor de literatura hispanoamericana en la Universidad de Nebraska.